Heinz Hilbrecht

Meditation und Gehirn

herausgegeben von Wulf Bertram

Heinz Hilbrecht

Meditation und Gehirn

Alte Weisheit und moderne Wissenschaft

 Schattauer

Dr. Heinz Hilbrecht
Schweizerblick 12
79725 Laufenburg
scriptorium@fuhrmann-hilbrecht.de
www.fuhrmann-hilbrecht.de

Bibliografische Information der Deutschen Nationalbibliothek
Die Deutsche Nationalbibliothek verzeichnet diese Publikation in der Deutschen Nationalbibliografie; detaillierte bibliografische Daten sind im Internet über http://dnb.d-nb.de abrufbar.

© 1. korrigierter Nachdruck der 1. Auflage 2010 by Schattauer GmbH, Hölderlinstraße 3, 70174 Stuttgart, Germany
E-Mail: info@schattauer.de
Internet: http://www.schattauer.de
Printed in Germany

Lektorat: Ruth Becker M.A.
Umschlagabbildung: nach einer Idee von Dr. Heinz Hilbrecht; MRT-Aufnahmen aus Hölzel et al. 2007, Abdruck mit freundlicher Genehmigung der Autoren
Satz: am-productions GmbH, Wiesloch
Druck und Einband: AZ Druck und Datentechnik GmbH, Kempten/Allgäu

ISBN 978-3-7945-2795-3

Vorwort

Die Meister der Meditation erforschen seit Jahrtausenden den Menschen. Sie haben Gesetzmäßigkeiten entdeckt und tiefe Einsichten in die menschliche Psyche erlangt. Meditation sucht Wissen und Erfahrung, den Alltag, den realen Menschen und die reale Welt. Unwissen, Irrtum und Begierden sind dabei die Hindernisse, die auf Abwege in okkulte Vorstellungen und die Welt der Illusionen führen. Die Meister weisen andere Wege. Dschuang Dsi (365–290 v. Chr.) ist ein Stammvater des chinesischen Daoismus. Er überliefert dieses Gleichnis mit der typisch daoistischen Ironie:

„Es war einmal ein Mann, der lernte das Drachentöten und gab sein ganzes Vermögen dafür hin. Nach drei Jahren hatte er die Fertigkeit erlangt, aber er fand keine Gelegenheit, seine Kunst anzuwenden." (Dschuang Dsi, Buch XXVII.10)

Bisher waren Meditierende auf Erfahrung angewiesen. Doch gerade unsere Zeit erlebt einen Durchbruch der Wissenschaft vom menschlichen Gehirn, eine Revolution, die es niemals zuvor gab. Erstmals seit 2 500 Jahren beginnen wir die biologischen Hintergründe zu verstehen, die Praktiken der Meditation nutzen, trainieren und verändern. Das Gehirn wurde dramatisch unterschätzt, seine Anpassungsfähigkeit bis ins hohe Alter und die scheinbar übernatürlichen Leistungen, zu denen es in der Lage ist. Wir können heute sogar über „Gedankenlesen", „Seelenwanderung" oder „Lebensenergie" des Menschen nachdenken und müssen dafür das Haus der Wissenschaft nicht mehr verlassen. Wir finden verblüffende Erklärungen im Menschen selbst.

Damit können Meditierende ihre Kunst auch neu bewerten. Meditation ist ein Weg zur bewussten Umgestaltung des Gehirns. Die spirituelle Welt der Meditation wird mit der modernen Hirnforschung nicht kleiner oder „materialistisch". Sie wird größer, aber das „Drachentöten" ist nun leichter zu vermeiden. Deshalb gibt es dieses Buch. Meditation spielt im Gehirn. Meditierende müssen es genauer kennen.

Laufenburg, im April 2010   Heinz Hilbrecht

Inhalt

Die von Wulf Bertram herausgegebene Reihe „Wissen & Leben" vereint eine Kollektion ebenso unterhaltsamer wie anspruchsvoller Essays aus den Bereichen Medizin, Psychologie, Naturwissenschaft und Naturphilosophie. Wissenschaftler von internationaler Reputation vermitteln mit Engagement (und offensichtlichem Vergnügen beim Schreiben!) die faszinierenden Ergebnisse moderner Forschung und Theoriebildung.

Die bisher erschienenen Bände der Reihe:

Valentin Braitenberg
Das Bild der Welt im Kopf – Eine Naturgeschichte des Geistes

Manfred Spitzer
Aufklärung 2.0 – Gehirnforschung als Selbsterkenntnis

Peter Fiedler
Verhaltenstherapie mon amour – Mythos, Fiktion, Wirklichkeit

Johann Caspar Rüegg
Mind & Body – Wie unser Gehirn die Gesundheit beeinflusst

Carsten Bresch
Evolution – Was bleibt von Gott?

Heinz Hilbrecht
Meditation und Gehirn – Alte Weisheit und moderne Wissenschaft

Einleitung

Unser Gehirn ist im Grunde nur ein Klumpen von 100 Milliarden Nervenzellen, die in einem Netzwerk mit rund 100 Billionen Verknüpfungen elektrische und chemische Signale austauschen. Dabei gibt es Zuständigkeiten verschiedener Teile des Gehirns für bestimmte Aufgaben, Ergebnisse der Datenverarbeitung werden ausgetauscht, bewertet und steuern schließlich alles, was zum Menschen gehört. Ich bin ärgerlich oder glücklich, wenn es mein Gehirn so will und die chemischen Botenstoffe dafür zur Verfügung stehen. Chemische, elektrische und biologische Prozesse drücken sich in Liebe, Hass, Glück, Schmerzen und Ideen aus. Trotzdem ist der Mensch keine biologische Maschine: Die Prozesse im Gehirn unterliegen nämlich ständiger Veränderung, die wir als „Lernen" oder „Erfahrung" bezeichnen. Diese Veränderungen sind das Ergebnis einer ständigen Anpassung an das Leben, somit bestimmt letztlich die eigene Lebensführung die Prozesse im Gehirn. Das ist der gewaltige Unterschied zu einer Maschine. Das Gehirn, also jeder einzelne Mensch, kann im Prinzip entscheiden, was es lernen will und wie es deshalb funktionieren will. Unser Gehirn steht in Wechselwirkung mit sich selbst und kann sich selbst verändern.

Doch ganz so einfach, wie es sich anhört, ist das nicht: Die meisten Prozesse im Gehirn dringen nämlich nicht ins Bewusstsein. Sie laufen automatisch ab, wir empfinden und handeln nach einem Schema und werden so zur „biologischen Maschine". Besonders auffällig werden solche Abläufe, wenn sie krankhafte Ausmaße annehmen, als Zwangs- oder Angststörungen und mit vielen anderen Erscheinungsformen. Es wäre wunderbar, wenn wir Zugang zu den unbewussten Abläufen im Gehirn hätten. Wir wären „kritikfähig" gegenüber uns selbst und könnten uns mit freiem Willen selbst gestalten.

Trotzdem erlebt sich jeder Mensch als bewusstes, denkendes und kreatives Wesen. Aber manche Neurobiologen sehen dafür keinen Raum mehr, Experimente zeigen nämlich, dass Entscheidungen im Gehirn schon lange vorbereitet und tatsächlich schon getroffen sind, bevor sie bewusst erlebt werden. Es begann mit einem einfachen Versuch. Benjamin Libet stellte 1978 fest, dass die bewusste Entscheidung zur Bewegung einer Hand schon eine Sekunde vorher in den elektrischen Signalen des Gehirns erkennbar war, also bevor sie bewusst getroffen wurde. Gaukelt sich das Bewusstsein einen freien Willen nur vor? Fallen unsere Entscheidungen irgendwo im Gehirn und die entscheidenden Instanzen bleiben unbewusst?

Benjamin Libets Experiment wurde 30 Jahre lang mit verschiedensten Methoden und der neuesten Technik kritisch wiederholt. Das Ergebnis blieb immer gleich: Libet hatte richtig gemessen. Inzwischen ist sogar bekannt, dass menschliches Bewusstsein eine Entscheidung nicht einmal widerrufen kann, sobald sie im Unbewussten gewisse Schranken überwunden hat. Der Mensch handelt dann im Grunde gegen den bewussten Willen, unter Zwang.

Die Erfahrung von Meditierenden geht in eine völlig andere Richtung: Der Mensch hat jede Freiheit, das Bewusstsein zu entwickeln und zu trainieren. Dabei trägt jeder Mensch sogar den Keim zur Erleuchtung in sich, er muss nur sein ganzes Denken entfalten und bewusst werden lassen. Doch welches Denken ist hier gemeint?

Jeder Mensch trifft Entscheidungen „aus dem Bauch heraus". Wir wissen einfach: So muss die Sache gehen. Woher wir das wissen, bleibt dabei meist im Dunkel. Oft sind solche Entscheidungen nicht einmal erklärbar, wenn jemand nach den Gründen fragt. Trotzdem sind sie meistens richtig, besonders wenn es um komplizierte Entscheidungen geht. Auch das haben Wissenschaftler untersucht und bestätigt. Das „bewusste Denken" in den Experimenten von Benjamin Libet kann also nicht das ganze Denken sein. Es gibt tiefere Instanzen, die leise ins Bewusstsein dringen und außerhalb des sprachlichen Denkens liegen.

An diesem Punkt kommt Meditation ins Spiel. Wer sich zum Beispiel für japanische Kultur interessiert, begegnet rasch dem Zen-Buddhismus. Im Zen freuen sich Bogenschützen über einen gelungenen Schuss, obwohl der Pfeil meterweit am Ziel vorbei geflogen ist. Andere üben Jahrzehnte, um Blumen zu stecken oder eine Tasse Tee zu servieren. In Japan werden die Meister in diesen Fächern sogar mehr verehrt als die Erfinder der CD oder japanische Nobelpreisträger. Der Grund liegt im Gehirn dieser Menschen: Zen-Meister haben das „Denken aus dem Bauch heraus" für ihr Bewusstsein erschlossen und können andere Menschen daran teilhaben lassen.

Wie ist das möglich? Die moderne Gehirnforschung liefert darauf Antworten mithilfe konkreter Messungen. Menschen verfügen über „Spiegelneuronen", mit denen sie – stark vereinfacht ausgedrückt – andere Menschen verstehen, sogar regelrecht in die Haut der anderen Menschen schlüpfen. Das Gehirn erzeugt ständig eine Simulation der Welt und kann damit in die Zukunft schauen. Die Worte im sprachlichen Denken sind nur der Abglanz der eigentlichen Denk-Instanzen, in denen eine ungeheure Menge an Erinnerungen, Funktionen des Körpers und Gefühle in die Denkprozesse fließen. Mit Gefühlen geht das Gehirn eines Meditierenden völlig anders um, als die

Gehirne anderer Menschen. Meditierende nutzen ihr Gehirn auf andere Weise, setzen damit Ressourcen frei, die sie schneller sehen und erleben lassen. Gleichzeitig entsteht damit eine stabilere Persönlichkeit, die sich bewusst mit ihrem Unbewussten auseinandersetzen kann. Die „biologische Maschine" wird Schritt für Schritt durch Bewusstsein ersetzt.

Dabei verändert sich das Gehirn auf eine Weise, die Hirnforscher immer wieder überrascht. Benjamin Libet hat mit seinen Messungen nur die Oberfläche des menschlichen Denkens angekratzt. Meditierende dringen in das eigentliche Denken vor, ins Unbewusste, wo im Gehirn die Entscheidungen fallen. Sie haben deshalb einen freien Willen und sehen die Welt tatsächlich mit anderen Augen. Davon berichten die Meister seit mindestens 2500 Jahren. Vieles davon wurde ungläubig belächelt oder als unmöglich abgetan. Doch die Nachricht aus den Laboren der Hirnforschung lautet heute kurz: Die alten Meister hatten Recht.

Woher Meditation kommt

Wir wissen nicht, wie lange Menschen schon meditieren. Sicher ist, dass es schon vor dem Buddhismus und dem chinesischen Daoismus hoch entwickelte geistige Übungen gab. Der Begründer des Buddhismus, Siddhartha Gautama, lebte von 563 bis 483 vor Christus. Bereits vor 2500 Jahren stand er vor einer gewaltigen Palette an Techniken und Formen der Meditation, die indische Meister entwickelt hatten. Es gab schon viele Schulen, die sich um den richtigen Weg zur Erleuchtung stritten. Eine große Leistung des Gautama Buddha war die Bewertung dieser Methoden. Extreme Techniken erwiesen sich als ungeeignet. Buddha fand und unterrichtete den mittleren Weg, der Extreme vermeidet und den Weg zur Erleuchtung ruhig und in überschaubaren Schritten geht. Dieser Ur-Buddhismus, der heute Theravada genannt wird, kannte keine Götter, keine Seele und deshalb auch keine Wiedergeburt der Seele nach dem Tod. Er wird heute nur noch in wenigen Ländern gepflegt, vor allem in Sri Lanka, Thailand oder Burma. Religiöse Konzepte übernahm der Buddhismus erst später im Mahayana-Buddhismus, zu dem auch der tibetische Buddhismus oder Zen gehören.

Der Begründer des Daoismus war Laozi, in der früher üblichen Umschrift Lao Tse. Er lebte im 6. Jahrhundert vor Christus und hinterließ ein einziges Buch, das Daodejing, in alter Umschrift Tao Te King. Wer dieses Buch liest und sich intensiver mit den Techniken der Meditation befasst, findet darin sogar Anspielungen auf „Hightech" der Geistesübungen. China dürfte also vor 2600 Jahren vergleichbar weit in der Erforschung der Meditation gewesen sein wie Indien. In Indien und China kannte man zu dieser Zeit auch schon das Konzept der psychischen Erkrankungen. Die Ärzte wussten, dass seelische Probleme sich in körperlichen Erkrankungen niederschlagen können, was sich bis heute zur „psychosomatischen Medizin" entwickelt hat. Daoisten hatten schon immer größtes Interesse an einer wissenschaftlichen Weltsicht, im Rahmen der historischen Möglichkeiten. Die Traditionelle Chinesische Medizin hat darin ihre daoistischen Wurzeln.

Daoismus

Der Daoismus ist die „einheimische" Religion Chinas; der Buddhismus wanderte erst Jahrhunderte später ein. Der philosophische Daoismus ist ein Erkenntnisweg zur Erleuchtung, die zur Unsterblichkeit führt. Der biologische Tod ist für Daoisten endgültig, deshalb waren Methoden für Langlebigkeit, Zeitgewinn auf dem Erleuchtungspfad, immer wichtig. So entwickelte der Daoismus die Traditionelle Chinesische Medizin, verband Gesundheitsvorsorge mit stiller Meditation und dem Qigong als meditative Gymnastik. Erstrebenswert ist eine Welt im Gleichgewicht von Yin und Yang. Nach dem Prinzip des „Handeln im Nichthandeln" (chinesisch: Wu Wei) soll der Mensch nur bei Störungen natürlicher Abläufe eingreifen und ansonsten keine Spuren in der Welt hinterlassen. „Dao" ist die Einheit aller Dinge der Welt, die der Mensch als Illusion getrennt voneinander erlebt. Der Zen-Buddhismus entstand aus einer Verschmelzung von Buddhismus und Daoismus im chinesischen Shaolin-Kloster (s. Robinet 1995).

Im Nahen Osten liefert die Religion des Zarathustra (griech.: Zoroaster) aus dem heutigen Iran deutliche Hinweise auf Meditation. Wann Zarathustra lebte, ist allerdings umstritten. Verschiedene Wissenschaftler setzen seine Zeit zwischen 1800 bis 600 vor Christus an.

Auch die antiken Griechen haben meditiert. Die klassische Philosophie entstand ungefähr um 600 vor Christus. Nach Sokrates (469–399 v. Chr.) entwickelte vor allem sein Schüler Platon (428–348 v. Chr.) Bilder und Dialoge, die auf Meditation schließen lassen. Vor allem sein berühmtes Höhlengleichnis erinnert daran: Platon beschreibt damit, wie eingeschränkt der Mensch die wahre Welt im Grunde sieht. Der Mensch sitzt lebenslang in einer Höhle, mit dem Rücken zum Eingang und dem Gesicht zur Höhlenwand. Das Einzige, was er sieht, sind die Schatten der wahren Dinge auf der Höhlenwand. Die Schulung des Geistes soll den Menschen befähigen, hinter diesen Schatten die wahre Natur der Dinge zu erkennen, wie sie draußen vor der Höhle sind.

Direkte Kontakte zwischen Griechenland und Indien wurden spätestens mit Alexander dem Großen (356–323 v. Chr.) fest etabliert. Den Feldzug nach Indien im Jahr 326 vor Christus begleiteten auch griechische Wissenschaftler. Besonders einflussreich war schließlich die Reise von Plotin (205–270 n. Chr.) nach Indien. Plotin griff die Lehren von Platon auf und befasste sich intensiv mit der menschlichen Seele. Für ihn gab es keine Trennung zwischen der Seele des Einzelnen und der Weltseele. Durch Versenkung (Meditation) sollte sich der Einzelne befreien, um die ursprüngliche Verbindung mit dem Ganzen wieder zu erreichen. Diese Verbindung ist ein wesentlicher Teil der Erleuchtung wie sie die asiatischen Weltanschauungen suchen.

Zur gleichen Zeit entwickelten sich auch in Griechenland Vorläufer der Psychologie und Psychotherapie. Berühmt geworden ist das Psychotherapie-Zentrum von Allianoi, etwa 20 Kilometer nordöstlich der antiken Stadt Pergamon in der heutigen Türkei. Allianoi entstand in der Regierungszeit des römischen Kaisers Hadrian (117–138 n. Chr.). Der römische Dichter Juvenal (60–127 n. Chr.) schrieb: „Beten sollte man darum, dass in einem gesunden Körper ein gesunder Geist sei." Dass nicht nur der Körper, sondern auch der Geist erkranken konnte, war eine entscheidende Erkenntnis. Man begann, in den Medizinzentren Methoden zu entwickeln, um solche Patienten zu behandeln. Dazu gehörten auch Techniken der Meditation.

Allerdings darf nicht vergessen werden, dass die Theorie der Meditation, der Medizin und Psychologie in der Antike von magischen Vorstellungen durchwoben war. Die Therapeuten halfen auch bei der Bekämpfung von „Dämonen", wenn das wissenschaftliche Verständnis für die menschlichen Zustände fehlte. Viele Begriffe und Beschreibungen aus dieser Zeit dürfen deshalb nicht wörtlich genommen werden. Die Vorstellung von „Dämonen", die sich eines Menschen bemächtigen, war notwendig, um damals noch unbekannte Krankheitsbilder wie Schizophrenie oder Depression zu erklären. Außerdem sind die alten Überlieferungen auch nicht frei von Fehlern. Die Gelehrten dieser Zeit verfügten über sehr viel begrenztere wissenschaftliche Methoden und technische Möglichkeiten als wir heute. Salopp gesagt: Ein mittelalterlicher Schmied konnte noch keinen Computer bauen. Entsprechend schwierig ist es auch für Meditierende, wenn sie die Überlieferungen der alten Meister interpretieren müssen und den Fortschritt selbst vorantreiben wollen.

In den Kulturen dieser Welt haben sich auf allen Kontinenten geistige Übungen bis heute erhalten. Die Frage ist deshalb, warum im heutigen Europa die Meditation keine ganz normale Praxis ist und häufig sogar im Ruf des Aberglaubens steht. Schon vor dem Christentum besaßen Kelten und Germanen eine spirituelle Tradition, zu der auch Meditation in Ruhe und Bewegung gehörte. Aus Skandinavien und Island ist überliefert, dass die Germanen meditierten. Allerdings drängten die christlichen Missionare des Mittelalters diese „heidnischen Praktiken" in den Untergrund. Sie konnten das Leben kosten, denn den Missionaren folgte bald das Militär. Wer an den überlieferten Praktiken festhielt, dem wurde die frohe Botschaft mit dem Schwert verkündet. Einige wenige Familien in diesen Gebieten haben die Kunst der Meditation bis heute bewahrt. Die Tradition der norwegischen Familie Hafskjøld ist als „Stav" breiter bekannt geworden und wird heute von vielen Anhängern praktiziert.

Tatsächlich meditierten auch manche Gruppen der frühen Christen. Selbst von Jesus wird berichtet, dass er sich für 40 Tage in die Wüste zurückzog und dort zu wichtigen Einsichten kam. Buddhisten nennen das ein „Retreat", eine besonders intensive Zeit der Meditation. Man weiß, dass schon frühe Christen, in der Zeit unmittelbar nach Jesus, auch nach Indien und bis China wanderten. Sie hatten ihre Techniken aus dem Nahen Osten im Gepäck und so entstand ein reger Austausch mit Buddhisten und Daoisten.

Im Christentum wird zwischen Meditation und Kontemplation unterschieden. Im christlichen Gebrauch bedeutet Kontemplation die stille innere Betrachtung. Sie entspricht weitgehend dem, was in Asien und der deutschen Umgangssprache Meditation genannt wird. Eine christliche Meditation ist dagegen das konzentrierte Nachdenken über ein Thema. In diesem Buch wird „Meditation" im Sinn der christlichen Kontemplation verstanden, weil die kirchlichen Begriffe keinen Einzug in die deutsche Umgangssprache und die Naturwissenschaften gefunden haben.

Kontemplation spielte in der christlichen Mystik eine große Rolle. Die Mystiker suchten die unmittelbare Gotteserfahrung, hinterließen Bücher und hatten ihre Schüler. Ignatius von Loyola (1491–1556), der Begründer des Jesuitenordens, hat mit seinen Exerzitien eine Anleitung hinterlassen. Mit der Reformation entstand auch eine evangelische Mystik mit ihren Geistesübungen. Allerdings gerieten solche Praktiken mit ihren Erkenntnissen immer wieder in den Vorwurf der Ketzerei. Die offizielle Glaubenslehre galt in der jeweils aktuellen Fassung, das persönliche Gotteserlebnis war verdächtig. Der Schlussstrich auf katholischer Seite kam im 15. und 16. Jahrhundert mit der Inquisition. Die Bücher der Mystiker wurden verboten, ihre Anhänger geächtet, hingerichtet oder eingesperrt. Auch die evangelischen Mystiker des 17. und 18. Jahrhunderts machten solche Erfahrungen. Ganze religiöse Gruppen verließen unter diesem Druck Europa, vor allem nach Nordamerika. Dazu gehörten zum Beispiel die Quäker, die für ihr soziales Engagement während des Zweiten Weltkriegs im Jahr 1947 den Friedensnobelpreis erhielten.

Aber die mystischen Strömungen im Christentum konnten nicht ausgerottet werden, es entstanden immer wieder neue. Manche „Geheimloge" war deshalb geheim, weil ihre Mitglieder meditierten und nach „höherer Erkenntnis" strebten. So sind zum Beispiel Werke der evangelischen Rosenkreuzer aus dem 17. Jahrhundert überliefert, deren Inhalt verblüffend an die Praktiken in Asien erinnert, wenn auch mit christlichen Worten beschrieben. Aber schon der Besitz solcher Bücher konnte bis ins 18. Jahrhundert zum Vorwurf der Ketzerei, häufig auch zu Folter und Todesstrafe führen. Heute stehen solche Werke im Internet und sind auch gedruckt leicht zu beschaffen.

Meditation im modernen Europa

Im 19. Jahrhundert ging die Macht der Kirche nach vielen Kämpfen langsam zurück. Die Mystik erlebte eine Wiedergeburt. Der Kolonialismus brachte außerdem eine rege Reisetätigkeit. Europäer begegneten den spirituellen Techniken vor allem in Indien, Japan und China. Viele große Denker übten Yoga oder meditierten. Der Einfluss der

Kirchen auf den Staat wurde beschnitten. Frankreich machte schließlich 1905 die Trennung von Religion und Staat zum Gesetz. In Deutschland waren Kaiserreich und Kirche eng verbunden. Doch der Erste Weltkrieg brachte das Ende des Kaiserreichs und wirkte wie ein Trommelfeuer auf die Werte, die bis dahin von den Kanzeln gepredigt wurden.

In diesen Zeiten des Umbruchs mussten die Menschen neue und glaubhafte Werte suchen. Eine neue Sicht des Christentums entstand. In Deutschland fand Rudolf Steiner mit der Anthroposophie zahlreiche Anhänger und befasste sich in seiner „esoterischen Schule" auch ausführlich mit Meditation. Dabei verband er die Techniken aus Indien mit christlichen Elementen. Auch in der Literatur fand die Suche nach Spiritualität ihren Niederschlag. So befasste sich beispielsweise der Schriftsteller Hermann Hesse (1877–1962) mit dem Buddhismus, dem Daoismus und der christlichen Mystik. 1911 unternahm er eine längere Reise durch Asien. Mit seinen Büchern hat Hesse eine ganze Generation beeinflusst und für die spirituellen Wege Asiens interessiert. 1946 bekam er den Nobelpreis für Literatur „für sein durch Versenkung getragenes Werk", wie die Schwedische Akademie Stockholm ihre Entscheidung unter anderem begründete.

Mit der Machtergreifung der Nationalsozialisten 1933 brachen schwere Zeiten für viele Meditierende an. Anthroposophen, Freimaurer und Angehörige anderer Gruppen starben in den Konzentrationslagern. Freie und bewusste Menschen waren für die Diktatur gefährlich und wurden beseitigt. Dabei dürfte vielen Nazis die diesbezügliche Kraft der Meditation bekannt gewesen sein. Es heißt, Hitler selbst habe auch meditiert und es gab Nazi-Geheimgesellschaften, in denen ein „germanischer" Okkultismus blühte.

So kannten führende Nazis die Möglichkeiten der Meditation wohl aus eigener Erfahrung.

Es war ausgerechnet der Zweite Weltkrieg, der dem Westen ein großes Tor zu den spirituellen Traditionen Asiens öffnete. Die Besetzung Japans ab 1945 brachte viele Amerikaner in Kontakt mit den Traditionen dieses Landes, die sich über die USA weiter ausbreiteten. Auch viele chinesische spirituelle Techniken fanden in der Nachkriegszeit ihren Weg nach Westen. Mit der Ausrufung der kommunistischen Volksrepublik China 1949 galten viele der alten Traditionen nun als „feudalistisch" und wurden blutig verfolgt. Zahlreiche Meister flohen in andere asiatische Länder, in die USA und nach Europa. Die Kulturrevolution (1966–1976) verstärkte den Druck in China weiter. Die chinesischen Flüchtlinge brachten ihr Wissen mit und mussten sich ernähren. Sie gaben Unterricht, schrieben Bücher und stießen damit auf ein gewaltiges Interesse.

Aber auch aus der katholischen Kirche brach sich eine kleine buddhistische Linie ihre Bahn. Hugo Makibi Enomiya-Lassalle (1898–1990) hatte als junger Priester die christliche Mystik intensiv erforscht (Baatz 1998). Er war Angehöriger des Jesuitenordens, der sich mit den „verdächtigen" Lehren des Glaubens befassen durfte. Hugo Lassalle kam schließlich 1929 mit der christlichen Mission nach Japan und begann sich für den Zen-Buddhismus zu interessieren. Ab 1943 nahm er Unterricht bei dem Zen-Meister Shimada Roshi. Lassalle überlebte den Abwurf der Atombombe auf Hiroshima und zog daraus Konsequenzen. Er wurde zum weltweit tätigen Streiter für das Miteinander der Völker und Religionen, für den Frieden. Unter dem Namen Makibi Enomiya nahm er die japanische Staatsbürgerschaft an und wurde 1973 als Zen-Meister anerkannt. Seitdem waren Zen und Christentum für ihn ein und derselbe Weg.

Andere Priester und Mönche wurden seine Schüler oder folgten seinem Vorbild. Sie unterschieden nicht mehr zwischen christlicher Mystik und Zen-Buddhismus. Willigis Jäger ist heute ein bekannter Vertreter dieser Richtung. Allerdings reagierte auch die Glaubenskongregation, die Nachfolgeinstitution der Inquisition. Sie warf Lassalle und seinen Anhängern vor, sie würden subjektive Erfahrungen über „Glaubenswahrheiten" stellen und versuchte den Einfluss der Bewegung einzudämmen. Es gibt bis heute Redeverbote und Verbote öffentlicher Tätigkeiten. Doch diese neuen Mystiker entwickelten ihre Wege weiter. Es entstand eine enge Verbindung und Zusammenarbeit mit Psychologen, Psychoanalytikern und Therapeuten. Heute gibt es auch aus dieser Linie Zentren, wo Menschen Meditation lernen und meditierend ihren Glauben und vor allem sich selbst erforschen.

Gute Wissenschaft erkennen

Meditation ist ein interessantes Forschungsthema, weil Meditierende Dinge können, die manchmal „unmöglich" scheinen. Entsprechend viel wurde darüber geschrieben. Leider ist die Mehrzahl dieser Arbeiten unbrauchbar. „Methodische Mängel" kritisiert zum Beispiel der Psychologe Ulrich Ott (2000), andere Mängel liegen tiefer und sind für Außenstehende nicht immer leicht zu erkennen. Wie kann man also „gute" und „schlechte" Wissenschaft oder gar Pseudo-Wissenschaft voneinander unterscheiden?

Naturwissenschaft begründet sich durch Experimente, eine Idee bzw. Hypothese wird durch Versuche überprüft. Allerdings sind drastische Fehler möglich, wenn Wissenschaftler ihre Experimente unkritisch oder voreingenommen entwerfen. Versuche mit Menschen sind dabei besonders kompliziert, denn seelische Prozesse können ein Ergebnis völlig über den Haufen werfen. Zum Beispiel: Welche Wirkung hat ein Medikament? Mediziner wissen, dass schon der Glaube Wunder wirkt. Deshalb werden neue Medikamente gegen Placebos getestet. Das sind Mittel, die keine Wirkung haben sollten, aber vom wirksamen Medikament für die Versuchspersonen nicht zu unterscheiden sind. Die Forscher vergleichen zwei Gruppen, von denen eine das Medikament, die andere das Placebo verabreicht bekommt. Dabei stellt sich oft heraus, dass Placebos überraschend wirksam sein können.

Entsprechend schwierig ist die Forschung über Meditation. Im Prinzip müssten zwei Gruppen verglichen werden: Meditierende und Placebo-Meditierende. Zum Beispiel: Kann Meditation die Stressanfälligkeit von Menschen senken? Diese Möglichkeit wurde früh gesehen (z. B. von Goleman u. Schwarz 1976). Objektiv ist Stress einigermaßen messbar, denn der Körper reagiert darauf mit biochemischen Veränderungen. Aber auch die Persönlichkeit bestimmt den Umgang mit Stress und die körperliche „Stressantwort". Menschen sind sehr unterschiedlich, und eine Untersuchung müsste diese Unterschiede abdecken. Daraus folgt, dass eine Studie sich auf eine große Anzahl Menschen stützen muss, mit Blutentnahmen und Befragungen über die Persönlichkeit. Hunderte, besser tausende Menschen müssten untersucht werden, damit die Studie auch vor den Gesetzen der Statistik besteht. Das ist teuer und aufwändig. Zeit und Geld sind aber auch für Forscher immer knapp.

Ideenreiche Wissenschaftler versuchen deshalb, ihre Experimente so zu entwerfen, dass mit begrenztem Einsatz aussagekräftige Ergebnisse entstehen. So hat der Versuch von Davidson et al. (2003) Aufsehen erregt. Sie teilten ihre

Versuchspersonen in zwei Gruppen ein: eine ging durch ein Meditationsprogramm, die andere lernte Entspannungstechniken. Messungen der Hirnströme (EEG) zeigten den Fortschritt der Meditierenden auf. Dann wurde allen Versuchspersonen eine Grippe-Impfung verabreicht und mittels Blutuntersuchungen geprüft, wie schnell sich der Immunschutz aufbaut. Die meditierende Gruppe schnitt deutlich besser ab.

Davidson et al. (2003) haben mit dem Vergleich Meditation gegen Entspannungstechniken einen ganz wesentlichen Schritt gemacht. Das Immunsystem funktioniert nämlich bei allen Menschen besser, die seelisch ausgeglichen und stabil sind. Im Prinzip können Entspannungstechniken das erreichen und sind deshalb ein sinnvoller „Placebo" für den Vergleich mit den Wirkungen der Meditation. Auf diese Weise wird die Studie seriös und glaubhaft.

Trotzdem sind weitere Studien nötig, denn zunächst elegant und klar erscheinende Ergebnisse müssen lange nicht der Wahrheit entsprechen. Ein Lehrstück dafür liefert die Akupunktur, deren Erfolge gegen Schmerz unbestreitbar schienen. Klaus Linde und Kollegen (2009) von der Technischen Universität München haben die Behandlung von Kopfschmerzen mit Akupunktur an tausenden Patienten untersucht. Es stellte sich heraus, dass die Kopfschmerzen auch vergehen, wenn die Nadeln absichtlich falsch gestochen werden. Auch Teleskopnadeln sind wirksam, die Nadel verschwindet dabei unbemerkt vom Patienten in einem Schaft und sticht überhaupt nicht in die Haut (Placebo-Akupunktur). Trotzdem wirkt Akupunktur gegen Kopfschmerzen besser als Medikamente. Ist für Kopfschmerz also der Placebo-Effekt sogar noch wirksamer als das Medikament? Madsen, Gøtzsche und Hróbjartsson (2009) legten eine ebenso große Studie vor, die der Akupunktur praktisch ihre Unwirksamkeit gegen Schmerz bescheinigt. Trotzdem wird vielen Patienten damit gegen Schmerz geholfen.

Auf solche Probleme trifft auch die Forschung über Meditation. Die wachsende Erfahrung lässt frühere Studien in einem völlig anderen Licht erscheinen. Naturwissenschaftler kennen dieses Phänomen und haben deshalb die Regel, dass Forschungsergebnisse erst dann als „gesichert" gelten, wenn andere Wissenschaftler sie – am besten mit anderen Methoden – überprüft haben. Dadurch sinkt die Menge der „gesicherten Erkenntnisse" natürlich deutlich ab. Hier liegt der Wert von Übersichtsartikeln, in denen ein Fachgebiet kritisch bewertet wird. So hat Greeson (2009) gefunden, dass Meditation in zahlreichen Studien das Immunsystem verbessert hat. Das oben beschriebene Ergebnis von Davidson et al. (2003) kann also als „gesichert" gelten.

Auch die Wissenschaftler selbst können zum Problem werden. Sie sind nicht immer unabhängig, können in ihren Meinungen befangen sein, manche verlassen den Boden der Wissenschaft. Unter dem Druck der Konkurrenz, der Karrierepläne und der Geldgeber sind sogar gefälschte Ergebnisse möglich. Im schlimmsten Fall haben Regierungen Interesse an den „richtigen" Ergebnissen und üben Druck aus. Die Freiheit der Wissenschaft ist nicht in allen Ländern garantiert und die Forschung ganzer Länder gerät dadurch in Misskredit. Auch die Forschung über Meditation hat das leidvoll erfahren. Deshalb gibt es Kontrollmechanismen, die auch für den Außenstehenden durchschaubar sind und Auswüchse verhindern sollen.

Mögliche Interessenkonflikte werden vor allem in der medizinischen Forschung transparent gemacht, wenn Forscher ihre Ergebnisse veröffentlichen. Seriöse Zeitschriften verlangen von Wissenschaftlern, die einen Artikel zur

Publikation einreichen, die Offenlegung ihrer Abhängigkeiten. Dazu gehören Funktionen in Verbänden, Zusammenarbeit mit Firmen oder eigene kommerzielle Interessen. Auch Meditation ist nicht frei von solchen Interessenkonflikten. Es gibt Verbände oder Dachorganisationen, die Lehrer ausbilden oder Meditationsprogramme anbieten. In manchen Ländern ist das eine regelrechte Industrie, zum Beispiel in den USA. Umfragen zeigen, dass rund ein Drittel der Amerikaner irgendwelche Entspannungstechniken oder Meditation anwendet – das sind 100 Millionen Kunden für entsprechende Angebote. Manche Forscher haben selbst Meditationsprogramme entwickelt und sind damit kommerziell tätig. Das bedeutet nicht automatisch, dass sie Pseudo-Forschung liefern und damit Werbung in eigener Sache produzieren. Aber es ist unverzichtbar, dass solche Zusammenhänge für den Leser einer wissenschaftlichen Veröffentlichung offenliegen. Die Rubrik „mögliche Interessenkonflikte" am Ende des Artikels ist ein wichtiger Kontrollmechanismus. Aus dem gleichen Grund werden in der Danksagung die Geldgeber für die Forschung genannt.

Noch wichtiger ist die Begutachtung von Artikeln durch unabhängige Wissenschaftler, bevor sie in einer wissenschaftlichen Zeitschrift veröffentlicht werden. Seriöse Zeitschriften drucken nämlich nicht einfach alles ab, was sie zugeschickt bekommen. Die eingehenden Artikel werden von mindestens zwei unabhängigen Wissenschaftlern begutachtet (engl.: peer review). Diese Gutachter arbeiten ehrenamtlich, bleiben anonym und können deshalb ihre Meinung frei zum Ausdruck bringen. Sie machen Verbesserungsvorschläge und entscheiden im Prinzip, ob ein wissenschaftlicher Artikel veröffentlicht werden kann. Solche „referierten" Zeitschriften haben in der Wissenschaft einen guten Ruf, während Zeitschriften, die auf die Begutachtung verzichten, als zweit- und drittklassig gelten und ihr Inhalt auch dementsprechend bewertet wird.

Manche Zeitschriften sind „ideologisch vorbelastet". Hier können Forscher Ergebnisse veröffentlichen, die von der großen Mehrheit ihrer Fachkollegen im Grunde abgelehnt werden. Sie sind häufig mit entsprechenden Verbänden oder Organisationen verbunden. Andere Zeitschriften sind auf enge Bereiche ihrer Wissenschaft spezialisiert. Solche Zeitschriften stehen immer im Verdacht, sich und ihre Anhänger zu bestätigen. Häufig kommen auch die Gutachter für Artikel aus dem isolierten Fachgebiet und damit aus einem engen Kreis. Auch hier ist ein kritischer Verstand beim Lesen nötig.

Es kommt bedauerlicherweise auch vor, dass Forscher den Boden der Wissenschaft verlassen, selbst wenn sie für eine Universität oder ein seriöses Forschungsinstitut arbeiten. Die Ethik der Naturwissenschaften fordert, dass Forschungsergebnisse für jeden Menschen nachprüfbar sind. Naturwissenschaftler machen deshalb Messungen und Beobachtungen, bei denen sie im Grunde als Personen überflüssig sind. Jeder Mensch muss diese Messungen und Beobachtungen machen können, denn nur so sind sie nachprüfbar. Wenn ein Wissenschaftler sich auf das Wirken Gottes beruft, auf unmessbare Lebensenergien oder Signale aus dem Jenseits, dann ist die Trennlinie zur Naturwissenschaft eindeutig überschritten. Hier meldet sich ein Außenseiter oder sogar ein Ideologe zu Wort.

Nun glauben viele Außenstehende, die Meinung von Wissenschaftlern sei zwangsweise objektiv und deshalb glaubhaft. Das ist falsch. Eine Meinung ist nämlich kein wissenschaftliches Ergebnis. Auch seriöse Wissenschaftler spekulieren mit Leidenschaft und entwickeln ihre Gedanken. Auf diese Weise werden neue Stoßrichtungen der Forschung untersucht und neue Experimente entworfen. Die Spekulationen seriöser Wissenschaftler zielen auf Messungen und objektive Beobachtungen, sie werfen Fragen auf und sind damit der Treibstoff für den Fortschritt. Es ist wichtig, dass diese Spekulationen eindeutig als unbewiesene Ideen markiert sind, als Hypothesen, die eine wissenschaftliche Untersuchung anstoßen sollen. Trotzdem tauchen Hypothesen immer wieder als „Aussage der Wissenschaft" in den Medien auf, als großes Missverständnis zwischen Wissenschaft und Öffentlichkeit.

Ähnliche Regeln haben auch die Geisteswissenschaften, zum Beispiel die Philosophie. Sie unterwerfen sich den Regeln der Logik und müssen ihre Ergebnisse damit nachvollziehbar beweisen. In den Geisteswissenschaften gibt es manchmal Grundannahmen, die sich einer objektiven Prüfung entziehen. Theologen nehmen zum Beispiel an, dass Gott tatsächlich existiert. Sobald dieses Fundament beschrieben ist, können Theologen darauf aufbauen und seriöse Wissenschaft betreiben. Das Ergebnis muss aber aus der Grundannahme für jeden logisch nachvollziehbar sein.

Eine wissenschaftliche Betrachtung über Meditation gerät in ein gewisses Dilemma. Viele der während der Meditation ablaufenden Vorgänge sind nicht objektiv messbar. Manche Erkenntnisse beruhen auf Beobachtungen der Meditierenden selbst und sind abhängig von ihrem Fortschritt mit den Übungen. Damit sind sie nicht für jeden Menschen nachprüfbar. Allerdings gilt diese Einschränkung auf vielen Gebieten der Naturwissenschaft. Nicht jeder Mensch hat Zugang zu Labors und Messgeräten, kann die Geräte auch bedienen und Ergebnisse verstehen. Es gibt immer einen Punkt, an dem Vertrauen in die Arbeit von Fachleuten nötig ist. In diesem Sinn müssen auch die subjektiven Erfahrungen von Meditierenden bewertet werden. Dabei schafft

Vertrauen, dass viele Menschen ähnliche Beobachtungen seit langer Zeit beschrieben haben. Sie müssen aber klar von Interpretationen getrennt werden, mit denen die Beobachtungen auf dem Kenntnisstand ihrer Zeit erklärt wurden. Viele Meister haben sich bewusst der Logik unterworfen. Die Prüfung durch andere Meditierende ist schon seit Jahrhunderten verpflichtend. Vor diesem Hintergrund gibt es keinen Raum für Aberglauben und übersinnliche Erklärungen.

In diesem Buch schildere ich auch eigene Erfahrungen und Erlebnisse. Sie sind in der Ich-Form geschrieben, damit der Leser sie als meine subjektive Erfahrung erkennt. Ähnliche Berichte gibt es auch von anderen Meditierenden und deshalb gebe ich meine Beobachtungen wieder. Trotzdem wäre es nicht wissenschaftlich korrekt, meine subjektive Erfahrung als Allgemeingut darzustellen. „Wissenschaft" bedeutet auch, dass die Quelle von Informationen offenliegt, Fakten und Beobachtungen von der Interpretation getrennt werden. Nur so können Leser selbst entscheiden, ob sie den Interpretationen folgen wollen.

Das Gehirn verändert sich

Meditation verändert das Gehirn. Diese Nachricht aus der Forschung mag zunächst Ängste wecken. Lange Zeit galt das Gehirn als unveränderlicher Block, der nach der Kindheit allenfalls durch den Tod von Nervenzellen seine Leistungsfähigkeit verliert. Dahinter scheinen sogar alte Erfahrungen zu stecken: Es ist augenfällig, dass junge Menschen schneller lernen als ältere. Aber wie passen dann die Rentner ins Bild, die auf ihre alten Tage an der Universität studieren und mit der Doktorprüfung abschließen?

Wie entwickelt sich das Gehirn und wie stark kann es sich im Lauf des Lebens ändern? Alte Erfahrung und die moderne Forschung liefern dazu überraschende Erkenntnisse. Einen umfangreichen Überblick über die Entwicklung des jungen Gehirns liefert zum Beispiel das Buch von Gerhard Roth (2003), die Entwicklung des gesunden Gehirns ab der Lebensmitte beschreibt Gene D. Cohen (2006).

Von der Geburt bis zum Alter von etwa 25 Jahren entwickelt sich das Gehirn in ziemlich festgelegten Schritten. Diese Schritte kennen Menschen seit Anbeginn der Zeit. Die moderne Forschung deckt nun auf, was dabei im Gehirn geschieht. Zum Beispiel haben Kleinkinder kaum ein Bewusstsein von sich selbst. Ihre Gefühle orientieren sich vor allem an den Reaktionen der Eltern und der engsten Bezugspersonen. Erst mit der ersten „Trotzphase" im Alter von ungefähr drei Jahren lösen sie diese Verbindung auf. „Kann ich alleine" und „Nein, ich will nicht" stehen für die Entwicklung einer eigenen Persönlichkeit. Prompt darf das Kind ab drei Jahren in den Kindergarten. Weitere Schritte in der Gehirnentwicklung vollziehen sich ungefähr mit dem sechsten Lebensjahr, mit 12 bis 14 Jahren, ungefähr mit 16 und mit 18 Jahren. Erst im Alter von etwa 25 Jahren ist das Gehirn biologisch voll entwickelt.

Die Entwicklungsschritte des Gehirns spiegeln sich in den Traditionen vieler Völker wider. Am besten ist das bei so genannten „Naturvölkern" zu beobachten, aber auch in der Industriegesellschaft. In den „Naturvölkern" übernimmt der Vater eine aktive Rolle in der Erziehung der Kinder, sobald diese sechs Jahre alt sind, die Industriegesellschaft schickt sie in die Schule. Mit zwölf Jahren lädt die katholische Kirche Kinder zur Kommunion, im gleichen Alter wurden im Mittelalter Rittersöhne als Knappen verpflichtet und kamen bei einem anderen Ritter in die Lehre. Mit 14 Jahren werden Kinder strafmündig, früher begannen sie in diesem Alter nach acht Schuljahren ihre Lehre, die evangelische Kirche bittet zur Konfirmation. In der frühen Pubertät, mit 12 bis 14 Jahren entwickeln sich nämlich diejenigen Gehirnzentren, in denen „gut und böse", „richtig und falsch" verankert sind. Diese Ausstattung mit Werten und Gefühlen wird dann schrittweise bis 16 und noch bis ungefähr zum Alter von 18 Jahren ausgebaut, damit ein junger Erwachsener entsteht. Je nachdem, welche Ausstattung des Gehirns eine Gesellschaft für nötig hält, dürfen Mädchen und Jungen mit 14 oder erst mit 16 Jahren heiraten, dürfen mit 16 oder erst ab 18 Jahren Soldaten werden, ein Auto fahren, sind mit 18 oder 21 Jahren vor dem Gesetz volljährig.

Im Übergang zwischen Pubertät und Erwachsensein (Adoleszenz) entwickelt das Gehirn seine volle Leistungsfähigkeit. Im Prinzip sind nun die wesentlichen Daten gespeichert, Nervenzellen vernetzt, die Balance der chemischen Botenstoffe ist gefunden. Jetzt geht es um die Geschwindigkeit bei der Nutzung dieser Daten. Nun werden auch die Nervenbahnen im präfrontalen und orbitofrontalen Kortex, die „Entscheidungs- und Werteinstanzen" im Gehirn, in eine dünne Fettschicht gehüllt (myelinisiert) und endgültig mit dem übrigen Gehirn vernetzt (Asato et al. 2010). Aufgrund der Myelinisierung können solche Signale schneller durch die Nervenzellen laufen und entsprechend schneller denkt das Gehirn. In vielen Kulturen dürfen Menschen deshalb erst mit 25 Jahren entscheidende Ämter übernehmen, zum Beispiel König werden oder Abgeordneter im Parlament. Solche Amtsträger müssen schnelle und komplizierte Entscheidungen treffen. In dieser Hinsicht wäre das 18-jährige Gehirn den vollständig „erwachsenen" Gehirnen älterer Entscheidungträger unterlegen.

Die weiteren Schritte der Gehirnentwicklung verlaufen nun langsamer, aber ähnlich gründlich. Jetzt beginnt die Phase des „plastischen Gehirns", das sich dem Leben anpasst. Das große Motto dieser Phase heißt „benutzen oder verlieren". Das Gehirn unterscheidet sich dabei nicht vom übrigen Körper: Was nicht gebraucht wird, baut der Körper ab. Was gebraucht wird, bleibt erhalten oder wird noch ausgebaut. Der Motor der Entwicklung im Gehirn ist das Lernen. Dabei kann das Gehirn sogar bis ins hohe Alter wachsen oder sich neu organisieren. Lernen wir etwas Neues, zum Beispiel eine Fremdsprache, erzeugt dies Zuwachs in den entsprechenden Gebieten des Gehirns. Auch bei Meditierenden ist Wachstum im Gehirn nachgewiesen, die ältesten Versuchspersonen waren dabei 71 Jahre alt (Lazar et al. 2005; Luders et al. 2009). Die moderne Forschung zeigt, dass das Gehirn keine Festplatte wie beim Computer ist, sondern sehr viel flexibler. Die „biologische Festplatte" kann sich ein Leben lang vergrößern und verkleinern, ihre Vernetzung ändern, also auch die Struktur der Datenspeicherung anpassen. Neurobiologen sprechen deshalb vom „plastischen Gehirn".

Tatsächlich widerspricht die alte Vorstellung vom „fertigen Gehirn" der Lebenserfahrung. Cohen (2006) hat anhand von Forschungsergebnissen Entwicklungsstadien für Erwachsene bis ins hohe Alter aufgezeigt, die mit Anpassungen und Veränderungen des Gehirns einhergehen.

Im Alter zwischen 40 und 50 Jahren erfährt das Gehirn eine durchgreifende Umgestaltung. Bis zu diesem Alter hat das junge Gehirn vor allem Fakten gelernt, ständig Neues aufgesaugt und als Erinnerungen abgelegt. Junge Gehirne benutzen für Problemlösungen häufig nur eine Gehirnhälfte und dort sehr klar begrenzte „Hirnzentren". In der Lebensmitte werden die gelernten Fakten in einen größeren Zusammenhang gestellt. Das Wissen wird immer stärker vernetzt. Die einzelne Erinnerung verliert dabei an Bedeutung. Dabei wird auch das bisherige Leben hinterfragt und, wo nötig, werden neue Weichen gestellt. Das Gehirn bezieht nun weitaus mehr und größere Hirnareale in seine Denkprozesse ein. Vor allem werden neben Fakten auch soziale und emotionale Aspekte weitaus stärker in die Tätigkeit des Gehirns einbezogen. Durch die Knüpfung von Zusammenhängen entsteht eine größere Weitsicht, wenn Probleme aus verschiedenen Perspektiven her beleuchtet werden müssen.

Mit 50 oder 60 Jahren beginnen dann die „besten Jahre". Die meisten Präsidenten, Kanzler und Parlamentsabgeordneten befinden sich in dieser Lebensspanne, wenn sie in ihr Amt gewählt werden. Die Wähler wissen offenbar, dass Kandidaten, die die Lebensmitte bereits überschritten haben, langfristig stabile und berechenbare Persönlichkeiten sind. Das Gehirn hat nun viele Fakten miteinander vernetzt, große Zusammenhänge hergestellt, „Lebenserfahrung" geschaffen. Dadurch werden manche Teile des Gehirns als „Faktenspeicher" überflüssig. Das Gehirn wird deshalb abgebaut und damit auch kleiner. Dieser Abbau ist kein Verfall, sondern Ausdruck einer Optimierung. Wenn sich Teile des Gehirns nicht durch Vernetzung von Wissen optimieren lassen, zum Beispiel die Steuerung der Hände, dann bleiben diese Teile des Gehirns auch bei alten Menschen in ihrer Größe voll erhalten (Kalisch et al. 2008).

Das Denken in Zusammenhängen, mit vernetztem Wissen, ist ein Ausdruck von Weisheit. Dazu gehören gemäßigte Gefühle, Weitsicht und Nachsicht. Diese Eigenschaften schreiben viele Kulturen alten Menschen zu, als Idealbild von Großeltern. In den meditierenden Traditionen gilt Weisheit als die höchste Entwicklungsstufe des Geistes. Tatsächlich zeigen Messungen von Brefczynski-Lewis et al. (2007), dass sich ein meditierendes Gehirn mit der Zeit in diese Richtung entwickelt. Zuerst steigt die allgemeine Aktivität im Gehirn an. Es arbeitet immer intensiver und lernt ständig dazu. Bei sehr erfahrenen Meditierenden nimmt diese Aktivität schließlich wieder ab, obwohl sie ihre Leistungsfähigkeit immer weiter verbessern. Offenbar erreichen diese Gehirne eine neue Qualität, bei der reine Aktivität durch andere Mechanismen ersetzt wird. Brefczynski-Lewis et al. (2007) glauben, dass solche Gehirne ihre Möglichkeiten besser ausnutzen und deshalb nicht mehr übermäßig aktiv sein müssen.

Die moderne Gehirnforschung hat viele Belege für die Veränderbarkeit des Gehirns bis ins hohe Alter gefunden. Das Bild vom alten Menschen, der dem Verfall preisgegeben ist, kann für das Gehirn nicht länger gelten. Alte Gehirne können sogar extreme Leistungen vollbringen. Wäre das Gehirn nämlich unveränderlich, dann dürften sich alte Patienten nach einem Schlaganfall nie wieder erholen. Bei Schlaganfällen versagt die Durchblutung in Teilen des Gehirns und ohne Sauerstoff sterben die betroffenen Gehirnzellen schon nach wenigen Minuten ab. In schweren Fällen können Schlaganfall-Patienten nicht mehr sprechen, sind körperlich gelähmt oder verlieren andere Fähigkeiten. Im unveränderlich „fertigen" Gehirn wären diese Schäden endgültig, aber das ist nicht der Fall. Gesunde Teile können nämlich die ausgefallenen Funktionen übernehmen, teilweise oder ganz wieder herstellen. Das Gehirn kann sich sogar regenerieren, indem es neue Nervenzellen aufbaut. Das alte Gehirn erweist sich also wie das junge Gehirn als überraschend anpassungsfähig und jederzeit veränderbar. Bei Schlaganfällen oder Verletzungen zeigt sich der grundsätzliche Unterschied zwischen Gehirnen vor und nach der Lebensmitte sogar besonders deutlich. Die Schäden sind bei alten Menschen weniger dramatisch als bei jungen (Roth 2003). Im alten Gehirn ist das Erlernte in größeren Zusammenhängen abgespeichert und auf diese Weise über größere Teile des Gehirns verteilt (Kalisch et al. 2008), der Ausfall kleiner Teile verursacht deshalb weniger Verlust. Andererseits haben junge Menschen glücklicherweise bessere Heilungschancen.

In der Wissenschaft entsteht ein Bild vom „plastischen Gehirn", das sich ein Leben lang anpassen, neue Aufgaben übernehmen und sich dabei als Organ umgestalten kann. Bei jedem Lernen wachsen die beteiligten Gebiete im Gehirn. Untersuchungen an Meditierenden zeigen, dass bestimmte Abschnitte im Gehirn bei ihnen größer sind als bei Vergleichspersonen. Sie wachsen mit den Praxisjahren bis ins hohe Alter (Lazar et al. 2005; Luders et al. 2009; Vestergaard-Poulsen et al. 2009). Training bringt also Leistungsfähigkeit, indem es eine Anpassung in Gang setzt. Das entspricht auch der Erfahrung vieler alter Menschen und von Therapeuten. Wer sich geistig fit hält, immer wieder neuen Herausforderungen stellt, den Kontakt zu anderen

Menschen sucht, leidet kaum unter Ausfällen seines Gehirns. Wenn viele alte Menschen trotzdem geistig abbauen, dann liegt die Ursache im eintönigen Lebenswandel und dem Rückzug von geistigen Herausforderungen. Studien zeigen, dass auch junge Menschen ihre Intelligenz abbauen, wenn sie in einen geistig weniger anspruchsvollen Lebenswandel wechseln. Geistige Herausforderungen trainieren das Gehirn und steigern damit auch seine Leistungsfähigkeit. Deshalb sind alte Meditierende besonders leistungsfähig, denn in der Entwicklung des Gehirns gibt es keine Altersgrenze. Auch alte Menschen können mit dem Meditieren beginnen und ihre geistige Leistungsfähigkeit bis ans Lebensende entwickeln und verbessern.

Die Stufen der Meditation

Der Weg des Meditierenden wird seit mindestens 2 500 Jahren genau verfolgt und aufgearbeitet. In den buddhistischen Schriften sind die Lehren des Gautama Buddha festgehalten. Typischerweise durchschreiten Meditierende neun Stufen der „Vertiefung" oder „Versenkung". Die ersten vier Stufen werden noch als körperlich empfunden und als „Bereich des Wissens" bezeichnet. Die folgenden Stufen fünf bis acht sind vor allem durch eine geistige Entwicklung gekennzeichnet und werden als „Bereich der Erkenntnis" zusammengefasst. Die 9. Stufe ist die Stufe der Erleuchtung. Die 10. Stufe kann erst mit dem Tod erreicht werden, liegt also außerhalb der Wissenschaft im Bereich der Weltanschauung.

Manche Meister unterscheiden lediglich drei Stufen auf dem Weg zur Erleuchtung. Diese Stufen beziehen sich auf den Weg der Persönlichkeit, des eigenen Verhaltens und der Erkenntnis. Hier liegt der Schwerpunkt eines lesenswerten Buches, das der Dalai Lama (2003) geschrieben hat. Seine Einteilung in drei Stufen steht nicht im Widerspruch zu den neun Stufen, von denen Buddha berichtet: Für Meditierende ist der Perspektivwechsel selbstverständlich, wenn ein anderes Ziel auch eine andere Betrachtungsweise erfordert.

Der neunstufige Weg des Meditierenden erinnert an die Entwicklung in der Kindheit und Jugend, die durch die Hirnentwicklung vorgezeichnet ist. Auf enthemmende Entwicklungen folgen nämlich regelmäßig hemmende Entwicklungen. So entdecken Dreijährige zum Beispiel ihre eigene und unabhängige Persönlichkeit und kommen ins „Trotzalter". Sie sind offenbar enthemmt, denn das berüchtigte „ich will nicht" wird um jeden Preis geübt. Dabei und danach lernt das Kind den Umgang mit seiner neu gewonnen Persönlichkeit und entdeckt Möglichkeiten, sie mit anderen Menschen in Einklang zu bringen. Fünfjährige Kinder sind dann in ihrer Entwicklung schon so weit, dass sie mit Herzlichkeit und Neugier die Welt erkunden, aber bereits ihren eigenen Standpunkt kennen und ihn gegenüber anderen Menschen abgrenzen können. Beide Schritte gehören zu einer gesunden Entwicklung. Dabei zeigt der wütende Dreijährige, dass die einzelnen Entwicklungsschritte zwar nicht immer angenehm, aber notwendig sind. Kinderärzte sind alarmiert, wenn die Trotzphase ausfällt, denn dies ist ein Zeichen dafür, dass die gesunde Entwicklung gestört ist.

Genauso vollzieht sich der Weg der Meditation mit den neun Stufen der Versenkung. Jede Stufe gehört in einen Zweier-Schritt und trägt einen entsprechenden Namen.

1. Intellekt und 2. Logik: Nach dem Anhäufen von Wissen folgen die Aufarbeitung und das Erkennen von Regeln.

3. Verstand und 4. Vernunft: Verstehen ersetzt nun Gefühle, aber wer viel verstanden hat, gerät auch leicht in Höhenflüge. Die Vernunft begrenzt Höhenflüge und zeigt Wege jenseits von schematischen Lösungen auf.

Bis hierhin wurde vor allem Wissen angehäuft und danach der richtige Umgang damit gelernt. Die ersten vier Stufen der Versenkung entsprechen der Grundstufe, also der Grundausbildung auf dem Weg der Meditation.

Nun folgen die höheren Stufen der Versenkung:

5. Intelligenz und 6. Intuition: Der reine Verstand ist analytisch, zerlegt den Gegenstand der Erkenntnis in seine Teile und erforscht Ursache und Wirkung. Intuition verarbeitet die Teile als „Block", zerlegt nicht mehr künstlich und erfasst Zusammenhänge auch mit den beteiligten Gefühlen und Werten.

7. Inspiration und 8. Einsicht: Hier wird hinter die Welt des Einzelnen geblickt und am Ende entdeckt, was die Sinne eigentlich nicht mehr erkennen können.

Das Ergebnis ist **9. Weisheit**, im Sinne der Erleuchtung.

Tab. 1 Die 9 Stufen der Versenkung in der Meditation

1. Stufe	Intellekt	Bereich des Wissens
2. Stufe	Logik	
3. Stufe	Verstand	
4. Stufe	Vernunft	
5. Stufe	Intelligenz	Bereich der Erkenntnis
6. Stufe	Intuition	
7. Stufe	Inspiration	
8. Stufe	Einsicht	
9. Stufe	Weisheit	Stufe der Erleuchtung

Hinter diesen Schritten stehen auch Schritte im Training des Gehirns. Sie werden deutlich, wenn die Empfindungen und Erlebnisse in jeder Stufe genauer betrachtet werden. Dabei muss der Meditierende wissen, dass er mit „Stufe Null" beginnt. Die erste Stufe zu erreichen, ist also schon ein deutlicher Schritt auf dem Weg der Meditation.

1. Stufe der Versenkung

Bei der 1. Stufe der Versenkung steht ein angenehmes und ungewöhnliches Körpergefühl im Vordergrund, das häufig mit „Verzückung" beschrieben wird. Der Körper drängt sich nicht mehr als Empfindung auf, es treten aber trotzdem intensive körperliche Phänomene auf. Etwas scheint durch den Körper zu strömen, ein Schauer, Haarsträuben, ein intensives Kribbeln und Wärme werden häufig erlebt. Eine geheimnisvolle Energie scheint den Körper zu elektrisieren. Verzückung und Glückseligkeit sind die beherrschenden Gefühle, Körper und Seele baden regelrecht darin.

Äußerlich hat der Meditierende in dieser Stufe gelernt, sich zu konzentrieren. Konzentration und Neugier „belohnt" das Gehirn mit dem Botenstoff (Neurotransmitter) Dopamin. Dieser Stoff hat eine große Bedeutung für unseren Körper, denn er ist der entscheidende Botenstoff für Lust, Freude und Glück. Dopamin macht Lust auf mehr, belohnt damit auch die Risikobereitschaft auf der Suche nach dem Unbekannten. Am deutlichsten wird das bei der Einnahme von Drogen und Alkohol. Sie lösen praktisch schlagartig eine Flut von Dopamin aus. Der starke Antrieb „ich will mehr davon" führt häufig in die Sucht.

In der Meditation entsteht das Dopamin langsamer, mit der Zeit aber immer mehr davon. Die erreichten Dopaminspiegel sind dabei überraschend hoch. Dänische Neurobiologen und Mediziner (Kjaer et al. 2002) haben Dopaminspiegel und die Verteilung des Dopamin mit bildgebenden Verfahren (PET) im meditierenden Gehirn gemessen. Dabei lag das Niveau der Dopaminmenge rund 65 Prozent über dem Normalniveau. Normalerweise treten solche Mengen nur bei schweren Geisteskrankheiten auf, zum Beispiel einer ausgeprägten Schizophrenie. Die Forscher konnten den Meditierenden aber eine einwandfreie geistige Gesundheit bescheinigen. Das Dopamin ruft bei Meditierenden auch keine Drogenwirkung hervor, es entwickelt sich keine Sucht. Jeder kann die Meditation längere Zeit absetzen oder ganz aufgeben, ohne dass Entzugserscheinungen wie bei Alkohol- und Drogensucht auftreten. Zu manchen Zeiten gehört das Aussetzen der Übungen sogar zum normalen Weg der Meditation.

Dahinter stehen offenbar gesunde Mechanismen im Gehirn, die auch Dopamin regulieren und Stabilität herstellen. Suchtmittel überfordern das System und führen zur Entgleisung. Eric Nestler und Robert Malenka (2004) haben das verständlich dargestellt. Suchtmittel erzeugen schlagartig und schon beim ersten Gebrauch eine massive Dopaminausschüttung. Das Gehirn unterdrückt dann die eigene Produktion von Dopamin. Das ist die Ursache für die niedergeschlagene „Katerstimmung" nach dem Rausch. Bei der Meditation wird dem Körper Zeit gelassen, er kann sich anpassen und muss nicht abrupt auf die Veränderung im Dopaminsystem reagieren.

Trotzdem wird die 1. Stufe der Versenkung häufig „schlagartig" erlebt. Die Empfindungen erinnern an Erlebnisse von Extremsportlern im „Adrenalin-Flash". Tatsächlich steigert Dopamin auch die körperliche Aktivität über die Erzeugung von Noradrenalin. Der Botenstoff Noradrenalin ist gut bekannt, weil er auch für die Aggressivität des Menschen bestimmend ist. Es wirkt ähnlich wie das „Stresshormon" Adrenalin, niedrigere Dosen wirken belebend und wecken Unternehmungslust. Die Neugier, die Dopamin über das Lustzentrum belohnt, braucht auch eine körperliche Unterstützung. Wer neugierig ins Unbekannte geht, sich Informationen beschafft, Kontakt mit anderen Menschen aufnimmt, geht dabei auch ein Risiko ein. Dafür ist ein Maß an positiver Aggressivität nötig, die das Noradrenalin unterstützt.

Eine körperliche Reaktion auf Noradrenalin ist auch die stärkere Durchblutung von Bauch und Nieren. Diese Effekte sind denjenigen bekannt, die auf chinesischen oder japanischen Wegen ihr Qi (Chi) kontrollieren lernen. Hinter der geheimnisvollen Lebenskraft und dem Erleben großer Wärme stehen wohl zum guten Teil die Wirkungen von Dopamin und Noradrenalin. Aus diesen Praktiken ist es aber gut bekannt, dass das Qi meistens schlagartig spürbar wird, wenn Meditierende darüber die Kontrolle erlangen. Wissenschaftlich ist dieser Vorgang nicht erforscht. Vermutlich werden an diesem Punkt Grenzwerte überschritten. Aus den Kampfkünsten ist seit alters her bekannt, dass „Qi" Körperkräfte mobilisiert, wenn es durch die Praktik steuerbar wird. Häufig verschwindet die Fähigkeit zunächst wieder, entwickelt sich dann „stotternd". Erst mit weiterem Üben „fließt das Qi" schließlich planbar, regelmäßig und wird auch im Körper lenkbar.

Der Meditierende erlebt in dieser Stufe, dass seine Gefühle aus ihm selbst heraus entstehen können. Das ist eine grundlegende Erfahrung. Bisher schienen Gefühle ihre Ursache im Kontakt mit der Welt zu haben: „Ich rege mich über etwas auf", „ich freue mich an etwas". Nun entstehen plötzlich starke Gefühle aus dem Inneren, ohne äußeren Anlass. Wie sind dann die Gefühle im Alltag zu bewerten? Ein Lernprozess beginnt.

2. Stufe der Versenkung

In dieser Stufe lernt der Meditierende von dem „Rausch", in den ihn die 1. Stufe versetzen konnte, in tiefere Gefühle zu gelangen. Freude, Glück und Seligkeit sind dauerhafter und angenehmer als ein Rausch. Bildlich ausgedrückt: Aus dem herzhaften Lachen wird ein tiefes und glückliches Lächeln.

Jetzt lernt der Meditierende sich länger zu konzentrieren und sich zu versenken. In der 2. Stufe gelingt dies vielleicht schon eine halbe Stunde. Wer nicht meditiert, kann die Leistung eines Meditierenden selten nachvollziehen. Entspannung, Konzentration und die Beruhigung des Geistes sind nämlich Arbeit. Schließen Sie einfach die Augen, entspannen Sie sich und hören Sie einfach auf zu denken! Nicht zu denken ist sehr viel schwieriger als es sich anhört: Wer es nicht geübt hat, dem schießt nach einigen Sekunden der erste Gedanke durch den Kopf und sei es nur: „Ich will nicht denken." Eine halbe Stunde gedankenlos zu verbringen ist eine Leistung, die Konzentration und Selbstdisziplin erfordert.

In der 2. Stufe entwickelt der Meditierende auch eine tiefere Entspannung, die sich in den folgenden Stufen weiter verbessert. Diese Entspannung geht tiefer als die rein körperliche Entspannung der Muskeln. Dunn, Hartigan und Mikulas (1999) haben Meditierende und Anwender von Entspannungstechniken vergleichend untersucht. Messungen mit Elektro-Enzephalogrammen (EEG) zeigten, dass sich die elektrische Aktivität im Gehirn bei diesen beiden Gruppen deutlich unterscheidet. Meditierende zeigen mehr Aktivität im sogenannten Theta-Band, aus dem erkennbar wird, wie stark sich ein gesunder Mensch auf innere Prozesse konzentriert (Lutz et al. 2004). Allgemein wirken EEGs von Meditierenden an vielen Stellen „ruhiger", weniger überlagert von zufälligen Signalen, wie Travis und Shear (2010) in einer Übersichtsarbeit für verschiedene Praktiken der Meditation feststellen. Wirkliche Entspannung entsteht erst mit der Entspannung des Geistes, also auch der Aktivität im Gehirn. Meditation und Entspannungstechniken unterscheiden sich in diesem Punkt gewaltig.

In der 2. Stufe mäßigen sich auch die körperlichen Reaktionen in der Versenkung. Übrig bleibt ein angenehmes Gefühl von Unternehmungsgeist, Klarheit und Frische. Auch aus diesem Grund üben viele Meditierende am frühen Morgen, vor dem Tagesablauf.

3. Stufe der Versenkung

Achtsamkeit und Gleichmut sind die wichtigen Lernziele dieser Stufe. Jetzt steht „Loslassen" auf dem Programm. Jede Aufregung – auch positiver Art z. B. Freude – behindert nämlich die weitere Versenkung. Der Meditierende spürt bereits in der ersten Meditationssitzung, dass schon kleine Geräusche und Ablenkungen die Versenkung beenden können. Das ist unangenehm, verschwindet aber mit der Zeit. Der Meditierende muss Störungen akzeptieren lernen und Gleichmut ihnen gegenüber entwickeln. Den meisten Meditierenden gelingt es nach ungefähr einem Monat Meditationspraxis Störungen auszublenden bzw. gleichmütig hinzunehmen. In der 3. Stufe erreicht der Meditierende nun den Wechsel zu einer bis dahin nicht erlebten Form von Entspannung. Der Meditierende ruht in sich selbst und befindet sich im Frieden mit seiner Umgebung.

In diese Stufe fallen die bemerkenswerten Reaktionen auf Stress und Erschrecken, die bei Meditierenden vielfältig festgestellt und gemessen wurden (Zeidler 2007). Sie reagieren deutlich ruhiger, wenn es gerade „brennt". Interessant sind dabei auch Reaktionen, die normalerweise unter unbewusster Kontrolle stehen. So haben Forschergruppen festgestellt, dass bei Meditierenden der Blutdruck sinkt, weil sich die Arterien entspannen. In diesen Blutgefäßen gelangt das Blut vom Herz an seinen Bestimmungsort. In den Venen fließt das Blut wieder zum Herzen zurück. Arterien sind von Muskeln umgeben. Wenn diese Muskeln entspannen, sinkt auch der Blutdruck. Die Kontrolle über die Arterien ist normalerweise nicht bewusst, sie wird „automatisch" vom (vegetativen) Nervensystem ausgeführt. Der sinkende Blutdruck wird in der Meditation durch schnelleren Herzschlag ausgeglichen (Lazar et al. 2000).

Meditierende erleben während der Übungen häufig ein Gefühl von Wärme. Viele haben gelernt, Wärme in die Arme und Beine strömen zu lassen, wenn es draußen kühl wird. Sie haben Kontrolle über die Durchblutung, die etwas hochgeregelt wird und auf diese Weise Wärme mit sich bringt. Häufig wird auch das „Qi" oder „Kundalini" genannt, weil die Ursachen nicht auf den ersten Blick erkennbar sind (s. auch „Qi und Kundalini", S. 125). Ähnliche Leistungen lernen Patienten, die zum Beispiel nach Herzkrankheiten über „Biofeedback" ihren Herzschlag kontrollieren. Sie können damit ihr rasendes Herz zur Ruhe bringen, wenn die unbewusste Regulation versagt.

Der Meditierende erlebt seinen Fortschritt als immer tiefere Entspannung. Gleichzeitig klingen Schreckreaktionen ab. Wenn es unerwartet knallt, zucken Meditierende kaum und später gar nicht mehr zusammen. Auch diese Schreckreaktionen werden unbewusst gesteuert. Die aufgerissenen Augen, das Zucken im Gesicht und die erschrockene Lähmung sind normalerweise nicht kontrollierbar. Der Meditierende legt diese Reaktionen bis zur 3. Stufe ab und macht auch in den folgenden Stufen noch Fortschritte auf diesem Gebiet. Erst dann wird eigentlich eine tiefe Entspannung erreicht. In Asien ist deshalb die Einsicht unbestritten, dass eine wirkliche Entspannung des Körpers ohne entspannten Geist unmöglich ist.

Eine vollkommene Entspannung – sowohl körperlich, als auch in den Gefühlen und im Denken – wird in der 3. Stufe noch nicht erreicht. Der Meditierende erlebt im inneren Frieden der 3. Stufe noch vieles, das einer wirklichen Stille nicht entspricht. Noch schwirren ihm Gedanken durch den Kopf, die Sinne sind noch nicht zur Ruhe gebracht und entfalten ein Eigenleben. Sie produzieren Wahrnehmungen, wo gar keine sind. Das hat nichts mit geistiger Verwirrung zu tun. Ähnliche Phänomene erleben Menschen, die über längere Zeit in völlig dunklen und stillen Räumen sind. In der Meditation geschieht etwas Ähnliches. Wenn äußere und innere Reize überflüssig, beruhigt und losgelassen sind, sucht das Unbewusste nach Orientierung und Sinn. Die Sinne produzieren nun Illusionen, die der Meditierende erlebt.

Der Widerstreit zwischen dem „realistischen" Bewusstsein und den Produkten des Unbewussten kann Gefühle von Panik und Angst erzeugen. Der Meditierende ist darauf vorbereitet. Wer seine Gedanken „wie Wolken am Himmel" gleichmütig vorbeistreichen lässt, kann auch mit den Produkten seiner Sinne umgehen lernen. Am Anfang stehen noch Farben, Streifen und Feuerwerk. Das kann jeder erleben, der einmal im Dunkeln die Augen schließt. Mit wachsender Entspannung verschwinden diese Muster mit der Zeit, beruhigen sich und weichen einer gleichmäßig dunklen Fläche.

Bilder und ganze Filme entstehen nun scheinbar vor den Augen und sind dabei extrem realistisch. Im Gegensatz zum normalen Sehen sind sie nämlich in der ganzen Tiefe scharf. Schauen Sie einmal auf ihren Finger. Im Hintergrund erscheint nun alles doppelt oder unscharf. Die Illusionen der Sinne kennen solche Unzulänglichkeiten nicht. Sie entstehen im Gehirn und unser Gehirn „weiß", wie alle dargestellten Dinge und Personen scharf und in Farbe auszusehen haben. Dieser Eindruck kann so echt wirken und auch die zugehörigen Gefühle produzieren, als wären die Augen offen und das Gesehene ein Teil der Wirklichkeit. Allerdings verschwinden solche Illusionen sofort mit dem Öffnen der Augen. Sie sind Trugbilder, aber auch positive Signale für den Fortschritt der Meditation. Eine echte Bedeutung haben sie nicht. Der Meditierende beruhigt sie und beachtet sie nicht weiter.

4. Stufe der Versenkung

Der innere Frieden der 3. Stufe wird in der 4. Stufe zur Stille und Ruhe selbst. Im „inneren Frieden" der 3. Stufe gibt es nämlich noch Freude und Glück. Auch positive Gefühle können störend sein und das „Loslassen" behindern. Die Illusionen der Sinne, die Bilder und Filme, werden zu einer bisher unbekannten Form von Gedanken. Die alten Meister raten hier Gleichmut und Distanz zu bewahren. Es handelt sich um Illusionen, ähnlich wie die unablässig auftauchenden sprachlichen Gedanken, die der Meditierende nun in der 4. Stufe hinter sich lässt.

Trotzdem sind diese „Filme" nützlich für den Fortschritt des Meditierenden. Ihr Inhalt ist in aller Regel belanglos. Sobald sie interessant werden, entstehen auch Gefühle, die dazu führen, dass diese Filme einfach „abgeschaltet" werden. Im Gehirn gibt es damit nämlich ein reales Gefühl, das Aufmerksamkeit verlangt und die Illusion überflüssig macht. Wer also den Filmen vor seinem inneren Auge länger zuschauen will, muss umso größere Distanz zu ihnen entwickeln. Seifenoper, Horror oder Sex bleiben nur präsent, wenn der meditierende Betrachter keine Gefühle mehr dazu entwickelt. Nur mit Gleichmut ausgestattet kann er seine Sinne länger bei der Arbeit sehen. Die auftretenden Illusionen sind deshalb ein nützliches Trainingsobjekt, aber auch nicht mehr.

Diese Gedanken-Filme liefern nicht nur Belangloses oder Angenehmes, sondern gelegentlich auch Horrorbilder, gegen die filmische Vampire und Werwölfe völlig harmlos wirken. Allenfalls die expressionistischen Filme der 1920er und 1930er Jahre reichen in ihre Nähe. Sie waren stark von Sigmund Freud und seiner Psychoanalyse geprägt und wollten die Ängste aus dem Unbewussten darstellen. In der Meditation schalten erschreckte Gefühle diese Horrorbilder sofort ab. Je mehr Gleichmut und Gelassenheit der Meditierende im Lauf der Zeit entwickelt, desto mehr kann er auch die Horrorbilder zulassen und mit der nötigen Distanz betrachten. Dieser Prozess ist wertvoll, denn er überträgt sich auf den Alltag. Auch außerhalb der Meditation verschwinden viele Ängste und dunkle Erwartungen.

Mit der 4. Stufe verschwinden die beschriebenen Illusionen und treten später nur noch selten auf. Die Illusion ist tiefer Stille gewichen, wie ein großer Raum, voller Geborgenheit und Ruhe. Nun sind auch die Sinne beruhigt und klammern sich nicht mehr an immer neue Reize und die Illusion von Sinn. Dieser Zustand ist nun wirkliche Entspannung.

Eine Zwischenbilanz

Der Meditierende hat in den ersten vier Versenkungsstufen, dem sogenannten „Bereich des Wissens", nun zwei wesentliche Erfahrungen gemacht und verinnerlicht:

Erstens entstehen sämtliche Gefühle und Gedanken in mir selbst. Es gibt keine „objektiven" Gefühle und Gedanken. Wenn mir jemand Beleidigungen an den Kopf wirft, mir meine Fehler auftischt oder mich bedroht, dann entstehen alle Reaktionen allein bei mir. Angst, Ärger und Wut gibt mir niemand, ich erzeuge sie selbst. In aller Regel stecken dahinter sogar völlig überflüssige Befürchtungen. Die leidenschaftslose Selbstbetrachtung in der Meditation liefert die Mittel dagegen. Vielen Menschen fällt die Selbstbetrachtung schwer, denn sie führt normalerweise auch zur Selbstverurteilung. Fehler werden als Versagen aufgefasst, statt sie als willkommenes Übungsfeld für die eigene Selbstverwirklichung zu sehen. Entsprechend können viele Menschen ihre Irrtümer und Fehler nicht einmal vor sich selbst zugeben und sie deshalb auch nicht aktiv betrachten. Häufig kennen andere Menschen schon den „Schalter", den sie umlegen müssen, um eine völlig vorhersagbare Reaktion zu erzeugen. Ein Stichwort reicht und der andere „schnappt ein". Meditation hilft diesen „Roboter im Menschen" zu überwinden.

In der Gleichmut der Meditation wird nicht mehr bewertet, sondern einfach festgestellt. Schematische Reaktionen der Gefühle fallen damit aus. Die Frage „warum ist das so?" verliert ihre Bedrohlichkeit, denn ihr folgt kein verletzendes Urteil. Mit dieser Grundeinstellung können Meditierende ihre Gefühle hinterfragen. Wo hat eine Beleidigung einen schwachen Punkt im Selbstbewusstsein getroffen und warum gibt es diesen Punkt? Welche Befürchtungen habe ich, wenn andere Menschen diese schwachen Punkte entdecken, und treffen diese Befürchtungen tatsächlich zu? Die gleichmütige Betrachtung erweitert sich nämlich auch auf andere Menschen. Meditierende lernen besser zuzuhören und zu beobachten und haben deshalb mehr Fakten zur Verfügung, wenn sie sich ein Urteil bilden.

Negative Gefühle und Gedanken entstehen vor allem, wenn Erwartungen und Wirklichkeit nicht zur Deckung kommen. Der Dalai Lama (2003) schreibt darüber aus buddhistischer Sicht. Die Erkenntnis des erleuchteten Buddha wird oft in aller Kürze mit „Die Welt ist Leid" wiedergegeben. Tatsächlich muss der indische Text genauer übersetzt werden: „Die Welt ist Frustration." Frustration bedeutet: Erwartungen und Wünsche stehen nicht im Einklang mit der Wirklichkeit. Wer das Paradies erwartet, lebt in einer Traumwelt, die schlechten Gefühle stellen sich unausweichlich ein, weil die Realität mit dem Erträumten nicht mithalten kann. Hier verdienen die Erwartungen eine Korrektur. Allerdings ist das Bestreben, Wunsch und Wirklichkeit zur Deckung zu bringen, nach beiden Seiten möglich, wie bei einer mathematischen Gleichung. Wenn zum Beispiel jemand in Armut lebt und vor dem Verhungern steht, dann ist er ebenfalls frustriert. Sein Wunsch nach Überleben deckt sich nicht mit seiner Wirklichkeit. Für den Hungernden muss zweifellos die Wirklichkeit verändert werden, denn sein Wunsch zu überleben ist absolut berechtigt. Mit dieser Balance zwischen Erwartung und Wirklichkeit befasst sich der Meditierende. Die Traditionen Asiens bezeichnen diese Balance häufig als Harmonie. Ein Leben in Balance ist harmonisch, aber dabei auch nicht starr. Es wird gerne mit einem Ton verglichen, der für sich allein nicht harmonisch sein kann. Harmonie entsteht im Zusammenspiel mit anderen Tönen und die lebendige Veränderung der Töne ergibt Musik.

Zweitens entsteht bis hierhin Zweifel an Sinnescin drücken und Erlebnissen. Mehr noch: Die Illusionen, die uns unsere Sinne vorgaukeln, erscheinen teilweise sogar realer als die Wirklichkeit. Welcher Teil der Wirklichkeit ist nun real? Gibt es eigentlich eine „Wirklichkeit"? Was bedeuten die Horrorbilder im Kopf, die beeindruckenden Landschaften oder die belanglosen Szenen? Die Suche nach den Antworten auf diese Fragen motiviert den Meditierenden zur weiteren Versenkung und damit zur Erforschung des Geistes. Jetzt beginnen die vier „geistigen Stufen" und der Bereich der Erkenntnis in der Meditation. Allerdings können die Zweifel an der eigenen Wahrnehmung auch erschütternd sein, deshalb ist eine erfahrene Begleitung des Meditierenden empfehlenswert.

5. Stufe der Versenkung

„Der unendliche Raum" wird diese Stufe der Versenkung oft genannt. Tatsächlich erleben Meditierende hier ein anderes Gefühl von Raum und Körperlichkeit. Häufig wird das körperliche Gefühl zuerst erlebt. Der Körper scheint weiter zu werden, seine Umrisse scheinen zu verschwimmen, es entsteht ein Übergang in die außerkörperliche Welt. Damit entsteht auch das Gefühl von großer Weite, von „unendlichem Raum". Schließlich verschwindet das Körpergefühl ganz, als würde der Geist in der Unendlichkeit schweben. Die Grenzen zwischen dem Geist und den Dingen der Welt verschwimmen, das Gefühl einer Trennung löst sich auf. Die Überwindung des „Ich" beginnt in dieser Stufe der Meditation.

Außerhalb der Meditation entstehen ungewohnte Wahrnehmungen und Gefühle. Zwischen dem Meditierenden und der Außenwelt verschwimmt die Trennung nämlich auch. Ein simpler Stein wird nicht mehr nur als lebloses Objekt gesehen. Der Stein bekommt plötzlich eine Vorgeschichte, intuitiv entsteht ein Gefühl, wie der Stein dort hingekommen ist und welche Rolle er an seinem Ort spielt. Gleichzeitig steht der Stein im Zusammenhang mit seiner Umgebung, die er beeinflusst und von der er beeinflusst wird. Genauso werden andere Menschen nicht mehr als „außen" und „getrennt" erlebt. Sie erzeugen bewusste Gefühle und Empfindungen im Körper des Meditierenden. In einer ruhigen Umgebung oder mit etwas Konzentration „weiß" der Meditierende auf scheinbar unerklärliche Weise vieles über die Stimmungen und Motive anderer Menschen oder Tiere. Der Meditierende fühlt sich dabei auch als Teil dieser Menschen oder Tiere.

An diesem Punkt erlebt der Meditierende erstmals tiefere Schichten seines Unbewussten. Das ganz normale Gehirn spiegelt nämlich Handlungen und die „Körpersprache" anderer Menschen oder Tiere mit den gleichen Bereichen im Gehirn, die auch die eigenen Bewegungen steuern. Die Funktion dieser „Spiegelneuronen" haben Bauer (2006), Rizzolatti und Sinigaglia (2008) umfassend dargestellt. Wenn sich ein fremder Arm bewegt, spiegelt das Gehirn diese Bewegung, indem es die gleichen (motorischen) Areale im Gehirn aktiviert, die auch den eigenen Arm bei der gleichen Bewegung steuern würden. Das Gehirn unterscheidet dabei zuerst einmal nicht zwischen dem eigenen Körper und dem Körper anderer Menschen. Das ist sinnvoll, weil damit auch Vorhersagen über die Bewegungen anderer Menschen möglich sind. Deshalb kann sich jeder Mensch in einer Menschenmenge bewegen, ohne ständige Zusammenstöße oder Missverständnisse.

Allerdings bewältigt das Gehirn mit seinen Spiegelneuronen eine Datenflut. Es „spiegelt" nicht nur die Bewegungen, es wertet auch den Gefühlsinhalt der „Körpersprache" anderer Menschen aus. Beim Gang durch eine Menschenmenge ist das entscheidend. Wird mir der andere ausweichen? Habe ich mit aggressiven Reaktionen zu rechnen? Wirke ich auf andere bedrohlich? Dann muss auch gehandelt werden. Ein Schritt zur Seite, ein leichtes Drohen im Gesicht oder ein „Ich tue Dir nichts"-Lächeln entstehen automatisch und unbemerkt als Ausdruck des eigenen Körpers.

Spiegelneuronen übernehmen also auch die Kommunikation zwischen dem Einzelnen und seiner Umwelt. Dabei werden selten Worte benutzt. Der gesamte Körper „spricht" und „hört" die Körper anderer Menschen. Das ist keineswegs Magie, obwohl die Vorgänge manchmal wie Gedankenlesen oder Hellsehen wirken. Alles ist ein ganz normaler Teil der unbewussten Gehirnfunktionen. Der Meditierende erlebt diese Funktionen nun zunehmend bewusst und kann sie auch bewusst verarbeiten.

Die bewusste Verarbeitung führt zur Überwindung des „Ich". Vor der 5. Vertiefungsstufe erlebt der Meditierende die Information seiner Spiegelneuronen als Gefühle: Ängstlichkeit, Zuneigung, Erschrecken, Eingeladensein. Nun erkennt er die Ursachen für diese Gefühle, die bei den anderen Menschen liegen, und entwickelt dementsprechend ein anderes Gefühl für seine Mitmenschen. Der aggressive Schreihals sendet nämlich auch Signale über die Gründe seines Handelns. Vielleicht fühlt er sich unsicher, hat sogar Angst oder spielt sich nur vor anderen auf. Normalerweise reagieren Menschen auf negative Signale mit der Selbstbetrachtung: „Was habe ich falsch gemacht?" Der Meditierende sucht und erkennt die Ursachen für solche Gefühle und Verhaltensweisen nicht nur in sich selbst. Mit der 5. Stufe gewinnt er eine breitere Sicht und erlebt die Zusammenhänge zwischen sich und seiner Umgebung bewusst.

Die 5. Stufe der Versenkung verändert die Betrachtung ganz normaler Dinge. Das Gefühl für Zusammenhänge wird nämlich greifbar. Eine Bank im Park wird zum Mittelpunkt von Erlebnissen, ein Obstbaum zum Produkt von Wachstum an seinem ganz bestimmten Standort und menschlicher Pflege. Ähnliche Einsichten können auch durch Nachdenken entstehen. Der Meditierende erlebt sie als Gefühl und als Hintergrund des Denkens sofort, mit dem Anblick dieser Objekte, als hätten die Sinne eine neue Fähigkeit, einen „sechsten Sinn" entwickelt. Auch so entsteht ein „grenzenloser Raum". Der Buddhismus sieht diesen sechsten Sinn, neben den fünf Sinnen Hören, Sehen, Riechen, Schmecken und Fühlen, in der ganz normalen Grundausstattung jedes Menschen. Diese Sicht deckt sich mit den Ergebnissen der Neurobiologie. Die Spiegelneuronen sind ein Sinn, der entscheidende Informationen über andere Menschen oder Tiere liefert, aber auch über viele andere Dinge in der Welt. Meditation ist ein Weg, um diesen Sinn zu schulen und dem Bewusstsein zu erschließen.

Die 5. Stufe der Versenkung kann auf manche Menschen auch schockierend wirken. Die Erfahrung, die eigenen körperlichen Grenzen nicht mehr zu spüren, führt manchmal zu dem Eindruck den eigenen Körper zu verlieren. Genauso wird der Einfluss anderer Menschen auf die eigenen Gefühle und Reaktionen gelegentlich als ein Gefühl der Schutzlosigkeit erlebt. Obwohl dieser Einfluss vorher schon unbewusst vorhanden war, kann dieses neue Erleben Angst machen, wenn das Bewusstsein darauf nicht ausreichend vorbereitet ist. Die nun bewussten Fähigkeiten müssen deshalb verarbeitet, aufgearbeitet und positiv genutzt werden. Auch deshalb braucht der Meditierende Ansprechpartner, ähnlich wie in einer milden Psychotherapie.

6. Stufe der Versenkung

In dieser Stufe erweitert der Meditierende seinen Blick vom räumlich-körperlichen Erleben auf ein „unendliches Bewusstsein". Damit erschließt sich das unbewusste Denken dem bewussten Erleben. Die Grenzen zu anderen Menschen scheinen zu fallen. Das „intuitive" Denken und Handeln steht nun bewusst zur Verfügung. Dazu gehört auch die unbewusste Erinnerung. Objekte werden nicht mehr in abstrakten Begriffen gesehen, sondern in der Gesamtheit von Gefühlen, Erlebnissen und Sinneseindrücken. Der Meditierende erlebt, wie das Gehirn die Welt abbildet, simuliert und daraus Vorhersagen ableitet. Die Grenzen zwischen der inneren und äußeren Welt scheinen zu verschwinden. Das heißt: Was der Meditierende von außen wahrnimmt, wird genauso bewusst wie seine Verarbeitung des Wahrgenommenen im Gehirn. Das „Ich", das Gefühl der Getrenntheit zwischen dem Meditierenden und der Welt, verschwindet.

Ganz praktisch drücken sich diese Veränderungen in einer erweiterten Form des Denkens aus. Zu den gedachten Worten kommen nun Bilder und Szenen hinzu, die Dinge in

Zusammenhänge stellen und eine eigene Tiefe besitzen. Ein Gegenstand ist darin kein Gegenstand, sondern die Summe der Erfahrungen damit. Diese Wahrnehmungen ähneln in gewisser Weise Hypertext im Internet. Objekte sind darin Links, die ich „anklicken" kann, um weitere Informationen zu bekommen. Dieses Denken steht tatsächlich auch im Alltag zur Verfügung. Was vorher „Bauchgefühl" war, wird nun fassbar und konkret.

„Unbegrenztes Bewusstsein" bedeutet, dass Bewusstsein nicht mehr ständig an die Grenzen des Unbewussten stößt. In der 6. Stufe der Versenkung verschwinden deshalb auch viele Ängste. Ich hatte immer große Angst vor Spritzen, eine regelrechte Phobie, nach einem frühkindlichen Erlebnis mit einem unsensiblen Arzt. Diese Angst ist regelrecht verdampft. Auch liebe ich es heute, nach Mitternacht ganz allein in den tiefen Wald zu gehen und dort zu meditieren. Früher wäre das unmöglich gewesen, zu viele Ängste hätten mich gejagt. Doch wenn die Ursachen der Ängste bewusst werden, dann verlieren sie ihren Schrecken. Sie werden zum Gegenstand einer gleichmütigen Untersuchung, die mir interessante Einsichten in meine Persönlichkeit verschafft.

In dieser Versenkungsstufe werden Zusammenhänge bewusst, die das gewohnte „sprachliche" Denken nur noch schwer darstellen kann. Es muss bewusst bleiben, dass ein „unbegrenztes Bewusstsein" nicht „übersinnlich" ist. Die Regeln der Naturgesetze bleiben gültig und der Meditierende wird nicht zum Übermenschen. Vielmehr erlebt er nun bewusst, was andere Menschen unbewusst über ihre Spiegelneuronen erleben, was als Erwartung aus der Erinnerung dringt und schematisches Handeln hervorbringt. Aus den Erwartungen findet eine bewusste Entscheidung selten statt, sie wird von „vorgefertigten" Gefühlen oder Wahrnehmungsweisen überrannt. Der Meditierende überwindet diese Abhängigkeit von seinen Schablonen, sieht sie bewusst und kann aus dieser Sicht heraus sein Handeln bewerten und bestimmen.

Die praktischen Konsequenzen „unendlichen Bewusstseins" lassen sich mit den Wegkünsten im Zen-Buddhismus deutlich machen. Zen-Meister haben die 6. Stufe der Versenkung abgeschlossen und trennen deshalb nicht mehr zwischen sich und der Außenwelt. Wenn solche Menschen Blumengestecke anfertigen, dann *sind* sie die Blumen. Wenn sie eine Kampfkunst üben, dann erleben sie sich und den Gegner wie *eine* Person. Der Körper anderer Menschen oder die Natur von Gegenständen wird im eigenen Körper bewusst erlebt. Die Künste der Zen-Meister wirken auf andere Menschen „berührend", denn sie können ihre Gedanken und Gefühle sichtbar werden lassen, wenn sie Blumen stecken, Schriftzeichen malen oder einen Gartenweg anlegen. Genauso spüren sie auch andere Menschen und können sie in ihr Handeln einbeziehen. Was ein Zen-Meister ausdrückt, kann direkt ins Gehirn anderer Menschen wirken, ohne langes Nachdenken. So erzeugen zum Beispiel japanische Schriftzeichen aus der Hand eines Zen-Kalligraphen auch auf Europäer eine starke Wirkung, obwohl sie die Schrift überhaupt nicht lesen können.

Die Möglichkeiten und Ursachen für „unendliches Bewusstsein" sind vielschichtig und werden deshalb in einem eigenen Kapitel „Intuitives Denken" (S. 69) in diesem Buch noch einmal aufgegriffen.

7. Stufe der Versenkung

Diese Stufe wird auch häufig das „Nichtheitsgebiet" oder „die große Leere" genannt. Nun dringt der Meditierende auf den Inhalt des „unendlichen Bewusstseins". Wer nämlich in der Meditation den Inhalt des „unendlichen Bewusstseins" sucht und seine Aufmerksamkeit darauf richtet, findet Nichts, eine Leere. Die Sinnestätigkeit erlischt. Die Meister sagen: „Alles ist einfach so, wie es ist." Leer ist es, weil es dort keine Bewertung gibt, keine moralischen Werte, keinen festen Kern und keine Substanz.

In der 7. Stufe der Versenkung beginnt die Überwindung des „Selbst". Darunter versteht die Philosophie einen Komplex von Zusammenhängen, die zum Bereich der Persönlichkeit des Menschen gehören. Zu diesem Bereich zählen auch die Grundwerte, mit denen jeder Mensch lebt und nach denen Entscheidungen entstehen. Aber diese Werte fallen nicht vom Himmel, sie sind im Lauf des Lebens entstanden, haben sich als „richtig" erwiesen und sind nun automatische Handlungsanweisungen, gespeichert im Gehirn. Im Kern sind sie also „leer", denn dahinter steckt keine absolute Wahrheit.

Im Gehirn gibt es Instanzen, vor allem den präfrontalen Kortex im Bereich der Stirn, die Ergebnisse von Denkprozessen und abgerufene Erinnerungen bewerten und ins Bewusstsein heben. Sie produzieren selbst keine Gefühle, sondern bewerten Gefühle, lassen sie zu oder unterdrükken ihre Ausführung. Sie treffen Entscheidungen zu „sachlichen" Problemen, indem sie Denkprozesse auswerten, neue „in Auftrag geben" und das Ergebnis schließlich zur Umsetzung freigeben. Der orbitofrontale Kortex, der ungefähr zwischen den Augenbrauen hinter dem Schädelknochen liegt, steuert hierzu das Wertegebäude bei, nach dem ein Mensch handelt und „funktioniert". Neurobiologen haben festgestellt, dass gerade diese Bereiche im Gehirn bei der Meditation besonders aktiv sind (Brefczynski-Lewis et al. 2007). Weil Meditation den bewussten Zugang zu unbewussten Abläufen im Gehirn öffnet, vermute ich, dass in den Versenkungsstufen sieben und acht genau diese Entscheidungsinstanzen ins Bewusstsein gelangen. Eine genauere Betrachtung folgt im Kapitel „Die große Leere und das dritte Auge" (S. 88).

8. Stufe der Versenkung

In der 7. Stufe erlebt sich der Meditierende noch als Beobachter, genauso wie er seinen Körper bis vor der Stufe fünf noch getrennt von der Welt erlebt hat. Doch die Frage drängt sich auf: Wie und was ist dieser Beobachter der Leere? Der Meditierende zieht sich von der Wahrnehmung zurück, denn die Wahrnehmung eines Beobachters bedeutet Trennung von der Leere. Sie ist damit unangenehm, etwas „von außen". Das Ziel ist „weder Wahrnehmung noch Nicht-Wahrnehmung", wie die alten Meister sagen. Sie schreiben von Selbstvergessen, vollkommener geistiger Ruhe und dem Erlöschen des Bewusstseins für die Sinne, die das Äußere abbilden. Der Geist ist wach, hat aber vollkommene Ruhe. Die Geistestätigkeit ist fast zum Erliegen gekommen.

Auf dieser Ebene gibt es bisher keine wissenschaftlichen Untersuchungen. Die Beschreibungen der alten Traditionen scheinen darauf hinzudeuten, dass nun auch die Tätigkeit in den Bewertungszentren, zum Beispiel dem präfrontalen Kortex, und der Abruf von Erinnerungen beruhigt werden. Vergleichbare Fähigkeiten entwickelt der Meditierende bereits in der Grundstufe, mit der Beruhigung des sprachlichen Denkens. In der 8. Stufe hätte der Meditierende den „mentalen Lärm" im Gehirn grundlegend beruhigt und könnte damit die gesamte Leistung auf gezielte Gedanken richten. Es kann nur spekuliert werden, was 100 Milliarden Nervenzellen dann verarbeiten können. Die Rechenleistung und die Speicherfähigkeit des Gehirns sind mit den Kapazitäten des gesamten Internets vergleichbar.

Diese Stufe der Versenkung kann zur Vorbereitung auf die Erleuchtung genutzt werden, denn die Überwindung des Gebietes der „Weder-Wahrnehmung-noch-Nicht-Wahrnehmung" führt zur Aufhebung von Wahrnehmung und Gefühl. Buddhisten bezeichnen diesen Zustand als Erlöschung (nirhoda), der einem vollständig erleuchteten Menschen zugänglich ist.

9. und 10. Stufe der Versenkung

Mit der 9. Stufe erreicht der Meditierende die Erleuchtung. An dieser Stelle wird der Boden der Naturwissenschaften vorerst verlassen. Zahlreiche Gelehrte haben sich zur Erleuchtung geäußert, so selten sie auch erreicht wird. Interessant ist dabei, dass sich im Grunde alle meditierenden Traditionen einig sind, dass die Überwindung der Dualität eine zentrale Eigenschaft des Erleuchteten ist. Dualität gibt es überall, von männlich und weiblich, böse und gut bis zu Materie und Antimaterie in der Kernphysik. Duale Vorgänge werden im Daoismus und in der chinesischen Philosophie durch das Gegensatzpaar Yin und Yang symbolisiert. Wir wissen nicht, ob hinter der dualen Beschaffenheit vieler Phänomene auch neurobiologische Prozesse stecken.

Interessant und wichtig ist, dass auch Erleuchtete eine weitere Entwicklung als ganz normale Menschen erleben. Der Buddha verbrachte noch 40 Jahre nach seiner Erleuchtung mit Meditation und hat Menschen unterrichtet. In der neunten Stufe der Versenkung muss der Erleuchtete sich nach buddhistischer Auffassung entscheiden, ob er mit seinem Tod ins Nirvana eingehen will oder nach einer freiwilligen Wiedergeburt Lehrer zur Erleuchtung anderer sein will. Buddhisten nennen solche Lehrer einen Bodhisattva. In der christlichen Begrifflichkeit lassen sich Bodhisattvas wahrscheinlich am ehesten mit vom Himmel gesandten Propheten vergleichen. Im Daoismus heißen erleuchtete Menschen „die Unsterblichen".

Die 10. Stufe der Versenkung ist erst mit dem Tod erreichbar. Der Erleuchtete nimmt mit seiner freiwilligen Wiedergeburt die Bodhisattva-Existenz in der Welt der Menschen ein. Wenn er sich zum „Verlassen des Daseinskreislaufs" entschließt, tritt er ein in das, was Buddhisten das Nirvana (Nibbana), Daoisten das Dao und Christen die Ewigkeit nennen. Die Jenseitsvorstellungen sind dabei unterschiedlich. Im Daoismus und Buddhismus gibt es auch Traditionen, die von einem vollständigen Erlöschen mit dem Tod ausgehen. Nach diesen Vorstellungen erlischt die Existenz, dahinter ist Leere, alles Körperliche geht in den Prozessen der Natur auf.

Die Natur der Versenkungsstufen

Grundsätzlich sind die zehn Stufen der Versenkung eine Skala für die Entwicklung des Meditierenden. Die Fähigkeiten bauen aufeinander auf und sind Voraussetzung für das Erreichen der nächsten Stufe. So wird der Fortschritt des Meditierenden erkennbar und kann von Lehrern begleitet werden. Gleichzeitig sind die Stufen aber auch die Schritte in der einzelnen Meditation, die bei jeder „Sitzung" während der zunehmenden Versenkung durchlaufen werden. Mit wachsender Erfahrung geht das immer schneller und gezielter. Dabei kann ein Meditierender sich normalerweise nur so tief versenken, wie er die Stufen im Lauf seines Wegs bisher erreicht hat. In seltenen Fällen kommt es zu Durchbrüchen. Dann erlebt ein Meditierender eine tiefere Stufe der Versenkung scheinbar mit einem Sprung, ohne die sonst graduelle Entwicklung. Solche Fälle werden „kleine Erleuchtung" genannt. Sie können nachhaltig sein und neue Fähigkeiten öffnen oder nur einmalige Erlebnisse bleiben.

Die Stufen der Versenkung sind keine Checkliste, die abgearbeitet werden kann und muss. Die Grenzen zwischen den Stufen sind fließend, es gibt Fortschritte und genauso Rückschläge. Das ist vor allem in den ersten vier Stufen gut verständlich. Hier lernt der Meditierende Entspannung und Konzentration. Die Fähigkeit dazu hängt aber auch von der Tagesform oder den Lebensphasen des Meditierenden ab. Wer gerade „viel um die Ohren" hat, kann sich manchmal schlechter entspannen oder, im Gegenteil, besonders gut entspannen, weil die Meditation eine willkommene Auszeit vom hektischen Leben bringt. Das hängt von der Persönlichkeit des einzelnen Menschen ab.

Auf diese Weise erlaubt die Meditation eine Begegnung mit dem eigenen Charakter und bewusstes Umgehen mit persönlichen Eigenschaften. Diese Eigenschaften haben Ursachen und sie haben einen Sinn, egal ob sie „gute" oder „schlechte" Eigenschaften sind. Sie müssen wertfrei betrachtet werden, ohne Aufregung, mit Nächstenliebe für sich selbst. Hemmnisse bei der Meditation sind deshalb ein wichtiger Teil der Übung. Sie werden bewusst gemacht, mit Gleichmut und Ruhe betrachtet und verschwinden dann meistens von allein. Entspannung kommt aus dem Geist und weniger aus dem Körper.

Die Stufen der Versenkung bilden eine Landkarte, die dem Meditierenden auf seinem wechselvollen Weg die richtige Richtung weist. Manche Traditionen unterscheiden nur drei Stufen: untere, mittlere und höhere. Dabei sind die unteren Stufen in etwa deckungsgleich mit den Stufen eins bis vier, die mittleren mit den Stufen fünf und sechs und die höheren mit sieben und acht. Der Grund für diese „schiefe" Gliederung liegt in der Qualität der Meditation, die sich auch im Zeitaufwand niederschlägt. Von Stufe zu Stufe dauert der Fortschritt länger. Die erste Stufe lässt sich noch in Wochen oder Monaten erreichen. Die Stufe sechs hat ein Zen-Meister in der Regel nach 20 bis 30 Jahren erreicht. Allerdings hat er in dieser Zeit nicht nur Fähigkeiten in der Meditation erworben, sondern auch akademisches Wissen. Der Meistertitel ist nämlich auch die Erlaubnis zur Gründung einer eigenen Schule und zur selbstständigen Ausbildung von Schülern. Allein das Zeugnis „Stufe 6" reicht dafür nicht.

Der Meditierende muss wissen, das jede Stufe der Versenkung schon den Keim zur nächsten und übernächsten in sich trägt. Eine Versetzung in die nächste Schulklasse gibt es nicht. Das Gehirn entwickelt sich nämlich tendenziell gleichmäßig, aber auch sprunghaft. Die alten Meister erinnern deshalb oft an die Entwicklung von Kindern, zum Beispiel beim Sprechenlernen. Es beginnt mit einem Wort, es folgen weitere, dann kurze Sätze, bis das Kind flüssig sprechen kann. Dann erst wird „das Kind kann sprechen" festgestellt, obwohl sich jeder mit dem Kind schon vorher sprachlich austauschen konnte. Aber auch danach verändert und verbessert sich die Sprachfähigkeit weiter bis zum Lebensende.

Genauso ist der Fortschritt in der Meditation: Wer ein erstes Jahr lang meditiert, hat dabei auch seine Spiegelneuronen trainiert und seine Intuition verbessert. Das Gehirn hat seine Spiegelneuronen bisher benutzt, tut das natürlich weiter und zieht Nutzen aus jeder Verbesserung. Die „innere Stimme" wird immer deutlicher. Das ganze intuitive Denken steht aber erst in Stufe sechs bewusst zur Verfügung. Genauso kann ein Kind ab einem gewissen Alter ordentlich sprechen, hält aber noch keine Vorträge an der Universität.

Die Stufenskala der Meditation kann durch das Phänomen der „kleinen Erleuchtungen" durchbrochen werden. Dabei erlebt der Meditierende unerwartet einen Zustand höherer Versenkung als eigentlich nach seinem Stand der Übungen zu erwarten wäre. Das Bewusstsein ist darauf noch nicht vorbereitet und muss die Erfahrung irgendwie verarbeiten. Auch dabei helfen die neun Stufen der Versenkung, denn sie liefern eine Einordnung in den erwarteten Weg der Meditation. Wenn eine „kleine Erleuchtung" Stufen übersprungen hat, dann war es wirklich eine. Neue Fähigkeiten kommen aber auch auf dem normalen Weg der Meditation nicht selten stotternd oder sprunghaft in Gang. Manchmal sind sie schon vorhanden, wirken aber sprunghaft, weil sie plötzlich bewusst werden.

„Kleine Erleuchtungen" sind oft hinderlich, denn sie wecken den Wunsch nach mehr. „Das möchte ich immer können", fühlt der Meditierende, verkrampft sich dabei geistig und entfernt sich von seinem angestrebten Ziel. Diese ungewöhnlichen Erlebnisse müssen also wieder mühsam losgelassen und mit Gleichmut betrachtet werden. Wer sie als Trainingsobjekt und nicht als Zielvorgabe versteht, zieht daraus Gewinn. Ich selbst hatte nach zwei Jahren Praxis der Meditation eine „kleine Erleuchtung". Dieses Erlebnis wurde zur Triebfeder für die kommenden 30 Jahre der Übungen und der Schwung hält noch immer an.

Das unbewusste Denken

Das menschliche Denken scheint keine allzu geheimnisvolle Sache zu sein. Immerhin spricht jeder Mensch in seinen Gedanken, stellt Überlegungen an oder trifft seine Entscheidungen. Die Plattform dafür ist die Sprache, das Denken ist im Grunde eine sprachliche Diskussion mit sich selbst. Doch spätestens seit Sigmund Freud (1856–1939) und seinem Konzept der Psychoanalyse richtet sich das wissenschaftliche Interesse auf tiefere Ebenen des menschlichen Verstands. Es gibt ein „Unterbewusstsein", in dem sich Triebe tummeln, die Persönlichkeit den Rahmen für das Handeln setzt und sich außerdem viele scheinbar vergessene Erlebnisse ansammeln.

Das unbewusste Denken ist nicht identisch mit diesem Unterbewusstsein. Vielmehr sind beide nur Teile der Prozesse, die im Gehirn Informationen abrufen, speichern, Entscheidungen vorbereiten oder Information bewerten. Das Gehirn ist in manchen Teilen vergleichbar mit einem Computer. Allerdings verfügt dieser „Computer" über eine Leistung, die auch heute noch jedes Vorstellungsvermögen sprengt. Die Neuroinformatiker Terrence Joseph Sejnowski und Francis Crick haben die Größe der „Festplatte" im Gehirn berechnet. Jeder Mensch hat demnach in seinem Kopf eine enorme Speicherfähigkeit zur Verfügung. Es hätte alles Platz: Millionen Bücher und Texte, sämtliche Spielfilme dieser Welt, ein gewaltiges Musikangebot und daneben die Daten von Milliarden Kontoinhabern, ihre Adressen und Telefonnummern.

Wozu braucht das Gehirn so viel Speicherfähigkeit? Tatsächlich gehen manche Gehirnforscher davon aus, dass im Gehirn das gesamte Leben aufgezeichnet wird. Dann wäre jedes jemals gesehene Bild, jeder Ton und sogar der

Hauch des Windes über die Haut zu einer Zeit an einem Ort gespeichert. Denkbar wäre das – die „Festplatte" ist groß genug.

Gerade wegen seiner großen Speicherfähigkeit kann das Gehirn nicht wie ein Computer funktionieren. Zum Beispiel: Wenn jemand nach einer ganz bestimmten Szene in einem Spielfilm fragt, reichen Bruchteile von Sekunden und wir können mit der Schilderung beginnen. Ein Computer müsste einige Gigabyte von der Festplatte lesen und verarbeiten, dabei ständig den Inhalt auswerten, bis die richtige Szene gefunden ist. Das könnte Stunden dauern und würde ein flüssiges Gespräch unmöglich machen.

Das Gehirn geht völlig anders vor. Stellen Sie sich vor, der Spielfilm läge in Bild und Ton auf einem Filmstreifen vor, wie im Kinoprojektor vor der digitalen Zeit. Diese Filmstreifen sind einige Kilometer lang und enthalten pro Sekunde 24 Bilder. Stellen Sie sich vor, Sie würden diesen Film nun auf einer Straße ausrollen und dann auf einen Wolkenkratzer steigen. Von dort könnten Sie den gesamten Film auf einen Schlag sehen und erleben, Bild für Bild, Ton für Ton. Sie könnten den Film erleben, genauso als würden Sie ein einzelnes Bild betrachten und darin verschiedene Objekte sehen.

Das Gehirn erinnert einen kompletten Spielfilm wie ein einzelnes Bild, als Ganzes „auf einen Schlag". Doch damit ist es noch lange nicht wirklich gefordert. Wenn Sie zum Beispiel mit jemand über einen bestimmten Schauspieler diskutieren und seine Auftritte in verschiedenen Filmen vergleichen, dann hat das Gehirn kein Problem damit, sogar zehn oder zwanzig Filme zu erinnern und im Hinblick auf diese Fragestellung zu prüfen. Es würde zusätzlich Verknüpfungen mit Lebensgeschichten herstellen, politischen Ereignissen, weil die Diskussion das so erfordert. Daneben würden alle Gesprächsteilnehmer auch auf ihr Gegenüber hören, Meinungen abwägen und verstehen und dazu noch viele andere Signale verarbeiten (ist noch genug Kaffee in der Tasse?). Das Gehirn könnte die Aufgabe sogar am Rande erledigen, dabei an etwas völlig anderes denken, weil das Gespräch ein unwichtiger Smalltalk auf einer Party ist und eigentlich gar nicht weiter interessiert. Ein Computer wäre damit hoffnungslos überfordert, denn die bewegte Datenmenge ist gigantisch. Das Gehirn hat damit keine Schwierigkeiten, weil es in seiner Funktionsweise eher dem Internet als einem einzelnen Computer ähnelt.

Das Gehirn besteht tatsächlich aus einigen Milliarden „Computern", den Nervenzellen. Jede für sich liefert die eigenen Daten, bekommt Daten von anderen Nervenzellen, verarbeitet Information und gibt das Ergebnis weiter. Die Nervenzellen sind miteinander über Verbindungen vernetzt und zwar nicht in einer Reihe, sondern wirklich als Netzwerk. Das bedeutet, dass jede Nervenzelle mit den anderen Nervenzellen direkt verbunden ist und kommunizieren kann und nicht nur mit der davor- oder dahinterliegenden. In diesem Netzwerk sind einige tausend Nervenzellen zum Beispiel für die Steuerung der rechten Hand zuständig. Andere sind auf Schauspieler spezialisiert, als Untergruppe in einem Netzwerk mit Personendaten. Jeder einzelne Bereich kann völlig unabhängig arbeiten. Im Prinzip muss das „Schauspieler-Netzwerk" nichts von der Tätigkeit der Nervenzellen wissen, die in ihrem eigenen Netzwerk für die rechte Hand zuständig sind. Das Gehirn kann also gleichzeitig viele Dinge tun. Es ist ein Netzwerk von vielen Computern.

Im menschlichen Gehirn gibt es ungefähr 100 Milliarden Nervenzellen mit etwa 100 Billionen Verbindungen untereinander. Daraus errechnen Neuroinformatiker eine

Speicherfähigkeit wie für das gesamte Internet. Zum Vergleich: Im Jahr 2008 nutzten 1,23 Milliarden Menschen auf der ganzen Welt das Internet. Der einzelne Nutzer muss dabei nicht wissen, welche Daten ein beliebiger Computer in Australien, China oder im Nachbarhaus gerade verarbeitet oder zur Verfügung stellt. Aber er kann jederzeit auf diese Daten zugreifen. Die Leistungsfähigkeit des Internet entzieht sich jeder Vorstellung und ist damit für den einzelnen Benutzer grenzenlos.

In einer ähnlichen Grenzenlosigkeit bewegt sich jeder Mensch und auch der Meditierende in seinem Gehirn. Trotz seiner ungeheuren Leistungsfähigkeit hat das Gehirn kein Bewusstsein von sich selbst, genauso wie ein einzelner Computer im Internet auch kein „Bewusstsein" für alle anderen Computer hat. So erscheint die Leistung des Gehirns häufig „übernatürlich" oder wie die Stimme Gottes. Dabei ist das eigentliche Wunder, dass jeder einzelne Mensch diese ungeheure „Rechenleistung" besitzt, sich mit anderen Menschen verständigen kann und damit die Leistungsfähigkeit des Internet mit den Gehirnen aller Menschen milliardenfach zur Verfügung steht.

Buddha hat vor 2 500 Jahren festgestellt: Jeder Mensch trägt den Keim zur Erleuchtung in sich. Meditation weckt die natürlichen Veranlagungen oder ruft sie ins Bewusstsein. Es ist genauso wie im Sport. Alle Menschen haben im Prinzip den gleichen Körper. Sportler trainieren diesen Körper und können deshalb weiter springen oder schneller laufen. Auch dabei sind Durchbrüche möglich, mit denen ein Sportler seine Leistung scheinbar plötzlich steigert. Der Grund liegt darin, dass ein Sportler nicht nur einen einzelnen Muskel seines Körpers einsetzt und trainiert. Vielmehr entsteht die Leistung durch das Zusammenspiel des ganzen Körpers. In den Muskeln muss durch ein Aufbautraining die optimale Zusammenstellung von schnellen und langsamen Muskelfasern entstehen. Daraus bestimmt sich, ob ein Muskel eher Ausdauer oder Schnelligkeit leisten kann. Außerdem brauchen die trainierten Muskeln eine zusätzliche Versorgung mit Sauerstoff und Nährstoffen. Dann müssen hunderte Muskeln und Gelenke optimal zusammenspielen, damit Bewegungsabläufe die verfügbare Kraft und Schnelligkeit der Muskeln auch in eine bestmögliche Leistung umsetzen. Diese Aufgabe leistet das Gehirn aufgrund von Erfahrung im Umgang mit dem Körper. So kann ein Sportler Leistungen erbringen, die für andere Menschen unerreichbar sind und wie ein „Wunder" wirken.

Meditation trainiert das Gehirn ganz ähnlich. Meditierende erleben deshalb ungewöhnliche Leistungen ihres Gehirns, aber übersinnliche Fähigkeiten haben sie nicht. Sie beseitigen nur Hindernisse und erlangen mit der Zeit den Zugriff auf die „grenzenlose" Leistungsfähigkeit des Gehirns. Wir erinnern uns: Das Gehirn hat die Speicherfähigkeit des gesamten Internets. Wie würde ein Mensch auf andere wirken, der jederzeit und ohne Suchmaschine den Inhalt des gesamten Internet zur Verfügung hätte? Die Leistungen unseres Gehirns wirken manchmal übernatürlich, sie sind es aber nicht.

Verarbeitung von Gefühlen

Erschrecken ist eine grundsätzliche Erfahrung, die jeder Mensch kennt. Manche erschrecken mehr, manche weniger. Wesentlich ist nur, dass solche Schreckreaktionen unbewusst und schnell ablaufen. Der Körper wird in Alarmzustand versetzt, reagiert völlig automatisch. Deshalb haben viele Forscher geglaubt, dass Erschrecken und die entsprechenden Reflexe sich dem Bewusstsein entziehen. Es konnte nachgewiesen werden, dass nur bestimmte Muskeln in einer ganz bestimmten Weise auf Schreckreize reagieren. Die elektrischen Spannungen an diesen Muskeln sind sogar ein Maß dafür, wie ängstlich ein Mensch ist. Willi Zeidler (2007) hat das Thema ausführlich bearbeitet und die zahlreichen Arbeiten anderer Wissenschaftler zitiert.

Beim Erschrecken spielt der Mandelkern (Amygdala) im Gehirn eine zentrale Rolle. Die Amygdala hat nämlich direkte und schnelle Verbindungen zu den Sinnesorganen. Normalerweise senden zum Beispiel die Nervenfasern der Augen ihre Signale an verschiedene Instanzen im Gehirn, die Bildfehler beseitigen, Farben erkennen, Formen erfassen und in weiteren Schritten Informationen aus dem Bild gewinnen. Die Amygdala bekommt das Bild schon einmal direkt überstellt, ohne Farbe und die Ergebnisse der höheren Verarbeitung (Roth 2003). Sie muss im Grunde nur entscheiden: gefährlich oder ungefährlich. Wenn zum Beispiel etwas mit hoher Geschwindigkeit auf das Gesicht zukommt, ist das mit hoher Wahrscheinlichkeit gefährlich: Die Augen werden rasch verschlossen, der Kopf ruckt zur Seite, die Hände werden hochgerissen. Diese Reaktion ist unbewusst, denn die „höheren" Instanzen im Gehirn sind zu diesem Zeitpunkt noch mit der Auswertung der empfangenen Sinnesreize beschäftigt. So hat das Bewusstsein auch kein Bild (im wörtlichen Sinn) von dem anfliegenden Objekt. Der Schreckreflex wird sogar ausgelöst, wenn der Reiz viel zu kurz ist, um überhaupt bewusst wahrgenommen zu werden.

So war es für die Fachwelt ungewöhnlich, als Paul Ekman und Robert Levenson an einem tibetischen Mönch nach einem lauten Knall keinen Schreckreflex messen konnten (Goleman 2005). Das Ergebnis wurde von anderen Forschern bestätigt und stand als „unmögliche" Leistung von Meditierenden im Raum. Willi Zeidler (2007) untersuchte Meditierende mit unterschiedlich langer Praxis. Es stellte sich heraus, dass der Schreckreflex schon nach vier Wochen Meditation zu schwinden beginnt. Meditierende zeigen sich mit zunehmender Praxis immer stabiler und sind nach einigen Jahren kaum noch durch Schreckreize zu erschüttern.

Hinter diesen Vorgängen stehen offenbar sehr schnelle Veränderungen in der Amygdala. Hölzel et al. (2009) untersuchten Menschen, die ein achtwöchiges Training für Stressabbau auf der Grundlage von Achtsamkeitsmeditation durchlaufen hatten. Nach dem Training hatten die Versuchspersonen ihre Stressanfälligkeit unterschiedlich stark gesenkt. Es ergab sich ein Zusammenhang zwischen dem Erfolg des Trainings und einer zunehmenden Veränderung in einem kleinen und genau umrissenen Gebiet der Amygdala in der rechten Hirnhälfte. Das „Angst- und Schreckzentrum" hatte sich also innerhalb von nur acht Wochen anatomisch verändert. Dieses Ergebnis lässt aufhorchen, denn die Amygdala ist ein konservatives Organ im Gehirn, das seine „Überlebensprogramme" nicht sehr leicht verändern lässt. Das wissen nicht zuletzt solche Menschen, die unter Ängsten leiden und sie häufig erst nach jahrelanger Therapie unter Kontrolle bringen können. Offenbar ist Meditation ein effektives Mittel, um die Amygdala sogar nach überraschend kurzer Zeit zu „beruhigen".

Was die Forschung in Aufregung versetzte, überrascht Meditierende nicht. Schon ein Anfänger muss lernen, sich durch äußere Geräusche nicht aus der Ruhe bringen zu lassen. In der Meditation richtet sich die Konzentration auf andere Dinge als die vielfältigen Reize, die ständig auch in einer ruhigen Umgebung entstehen. Der Meditierende darf sich davon nicht ablenken lassen.

Dabei wird die Wahrnehmung dieser Reize nicht unterdrückt. Vielmehr lernt der Meditierende diese Reize nicht mehr zu bewerten und sie einfach geschehen zu lassen. Schreck entsteht nämlich auf zweierlei Art. Der Schreckreiz muss erstens unerwartet sein, also außerhalb der Erwartungen liegen, die ich gerade habe. In der Meditation werden die Gedanken beruhigt, die Aufmerksamkeit richtet sich nicht mehr auf konkrete Gegenstände. Damit wird auch nichts mehr erwartet und so kann auch nichts erschrecken. Zweitens entsteht Schreck auch durch die Befürchtungen „was passieren könnte". Befürchtungen ersetzen Meditierende nach und nach durch die Wahrnehmung dessen „was ist". Das ist aber meistens völlig harmlos, ein Erschrecken also überflüssig. Wichtig dabei ist, dass tatsächlich mehr wahrgenommen wird und das Gehirn intensiver arbeitet. Wenn sich das Denken nämlich beruhigt, öffnen sich zuerst die Sinne, bevor auch sie im Lauf der Praxis beruhigt werden. Ich erinnere mich an einen Spaziergang im Wald, bei dem ich mein Denken beruhigt hatte. Ich musste abbrechen, der Gesang der Vögel erschien mir derart laut, dass ich Schmerzen in den Ohren bekam.

Mit der Meditation verändert sich die gesamte Verarbeitung von Gefühlen im Gehirn (Lutz et al. 2008). Überraschend dabei ist, dass die entsprechenden Gebiete im Gehirn nicht weniger arbeiten, sondern aktiver werden. Besonders negative Gefühle, zum Beispiel der Anblick von traurigen Bildern oder Schmerzenslaute von Menschen, bringen das Gehirn von Meditierenden auf Touren. Sie verarbeiten negative Erfahrungen mit deutlich mehr Aufwand als nicht meditierende Menschen. Gleichzeitig bleiben Meditierende bei diesen Wahrnehmungen aber ruhiger, behalten ihre Fassung und dazu auch eine positive Grundstimmung. Das Gehirn leistet also mehr und das Ergebnis sind stabilere Gefühle.

Im Lauf der Praxis greift Meditation immer tiefer in die unbewusste Gefühlsverarbeitung ein. Mit wachsender Entspannung und Beruhigung der Sinne entsteht nämlich eine positive Rückkoppelung. Je ruhiger der Meditierende auf Gefühle und äußere Reize reagiert, desto weniger stören sie die Meditation und umso angenehmer und erfolgreicher wird die Meditation selbst. Auch die „schreckhaften" Teile des Gehirns können „Vertrauen" in die Praxis fassen. Wie stark unbewusste Abläufe im Körper durch die Meditation erfasst werden, haben Lazar et al. (2000) gemessen. Atmung, Herzschlag und die Qualität der Atmung sind in der Meditation deutlich verändert. Die Amygdala, das „Schreckzentrum" im Gehirn, ist während der Meditation ebenfalls deutlich aktiver als im Ruhezustand. Es scheint, je mehr das Gehirn arbeitet, desto ruhiger und „überlegter" ist das Ergebnis.

Mit wachsender Praxis gewinnt der Meditierende immer mehr Abstand zu den Sinnesreizen. Etwa ab der 3. Versenkungsstufe entsteht ein Zustand, in dem das Gehirn scheinbar abgeschnitten von Sinnesreizen ist, wie in einem schalltoten dunklen Raum. In diesem „Ganzfeld" entstehen Halluzinationen, also Täuschungen der Sinne, die aus dem Gehirn selbst stammen. Auch solche Phänomene kennt jeder Mensch. Wer einmal in einem absolut dunklen Raum etwas Zeit verbracht hat, sieht plötzlich bunte Farben, Schlieren und Lichter. Im Extremfall können sogar Personen oder Gegenstände vor dem inneren Auge auftauchen. Diese Reaktion ist normal und verschwindet sofort, wenn wieder etwas Licht im Raum vorhanden ist.

Die Halluzinationen im „Ganzfeld" der Meditation sind lange bekannt und gelten als normaler Teil der Entwicklung des Meditierenden. Die alten Meister raten dazu, sie nicht zu beachten und ihnen keine Bedeutung zuzumessen. Es handelt sich um belanglose Sinnestäuschungen. Allerdings lernt der Meditierende in dieser Phase, seinen Zustand von Konzentration und Gleichmut sehr bewusst aufrechtzuerhalten. Sobald sich nämlich Aufmerksamkeit auf diese Trugbilder richtet oder Gefühle aufkommen, bricht das Ganzfeld zusammen und die Bilder verschwinden. Doch der Meditierende begegnet in dieser Phase seinem Unbewussten zum ersten Mal greifbar in lebendigen Bildern und „Filmen". Sie sind derart real, als würden sie mit offenen Augen gesehen, allerdings nur in tiefen Phasen der Meditation.

Normalerweise sind diese Bilder wirklich belanglos, ihre Handlung nicht weiter interessant. Sie sind auch häufig schwierig zu erinnern, denn jede Aufmerksamkeit auf ihren Inhalt kann sie zum Verschwinden bringen. Manchmal aber tauchen Horrorfratzen auf und zwar grundsätzlich ohne Farbe, in schwarz-weiß. Das sind Gesichter, die extreme Gefühle zeigen, zum Beispiel Hass, Angriffslust oder Gier. Aber auch positive Gefühle sind ins Extreme verzerrt, so kann beispielsweise ein Lachen in extremer Form ein regelrecht satanisches Gesicht erzeugen. Im Gegensatz zu den anderen Halluzinationen in diesem Entwicklungsstand der Meditation sind diese Gesichter immer gleich und werden mit der Zeit sogar vertraut. Sie scheinen flüssig zu sein, sie verformen sich und ändern dabei ihren Ausdruck. Tatsächlich unterwerfen sich diese Gesichter mit einiger Übung der bewussten Kontrolle. Dann lässt sich damit jeder Gesichtsausdruck erzeugen, der in Gesichtern realer Menschen denkbar ist.

Ich vermute, diese Gesichter sind Produkte der Amygdala. Petrovic et al. (2008) konnten zeigen, dass der „Gefühlsinhalt" von Gesichtern unter starker Beteiligung der Amygdala gelernt wird. Die normalen Halluzinationen im

„Ganzfeld" der Meditation sind in aller Regel farbig, haben Hintergrund und Vordergrund und wirken absolut real. Es gibt eine Handlung, die minutenlang ablaufen kann, aber keine Gefühle aufkommen lässt. Im Gegensatz dazu tauchen die Gesichter nur alleine auf und haben keine Farben. Die Amygdala bekommt ihr Bild vom Auge direkt, ohne Verarbeitung im Sehzentrum. Sie arbeitet also mit farblosen Bildern. Zu Beginn blitzen die Gesichter nur für Bruchteile von Sekunden auf. Der überwältigende Unterschied zu den übrigen Erscheinungen besteht in den Gefühlen, die durch diese Gesichter ausgelöst werden. Sie verkörpern „das Böse an sich", einen regelrechten Abgrund im Unbewussten. In den ersten Monaten erscheinen diese Gesichter nur sehr kurz, denn selbst erfahrene Meditierende können sich den starken Gefühlen, die sie auslösen, zunächst nicht entziehen, wodurch das „Ganzfeld" zusammenbricht.

Mit der Zeit werden diese Gesichter vertraut, denn sie sind Konstanten im ständig wechselnden Programm der Wahrnehmungen. Sie verlieren ihren Schrecken, obwohl die begleitenden Gefühle im Körper deutlich spürbar sind. Wenn man sie schließlich unter bewusste Kontrolle bringen kann, sodass sie sich gezielt verformen lassen, ändern sich auch die begleitenden Gefühle. Wie mit dem Schieberegler einer Musikanlage die Lautstärke verändert werden kann, so lässt sich mit der Verformung der Gesichter auch das jeweils passende Gefühl einstellen. Aus dem satanischen Lachen entsteht auf diese Weise ein herzliches Lachen und schließlich ein Lächeln. Das von Schmerzen verzerrte Gesicht wird zu einem geplagten Gesicht und schließlich zu einem neutralen Gesichtsausdruck. Genauso lassen sich Hass oder Aggressivität stufenlos und fein geregelt einstellen. Damit bilden diese Gesichter ein ebenso spannendes wie anstrengendes Experimentierfeld für Meditierende.

Die Konstanz der Gesichter im unbegrenzten Programm der Illusionen ist bemerkenswert. Es könnte sich um Schablonen handeln, die das Gehirn im Ganzfeld visualisiert, in Bildern dem Bewusstsein sichtbar macht. Ich stelle mir vor, dass sich Gefühle in den Gesichtern anderer Menschen dadurch rasch und sicher messen lassen. Die Schablone beginnt immer mit einem extrem negativen Ausdruck. Je stärker sie verformt werden muss, desto positiver werden die Gefühle. Der Grad der Verformung liefert dann einen klaren Wert für die Gefühlslage in einem real beobachteten Gesicht, ähnlich wie es Petrovic et al. (2008) vorschlagen. Auf diese Weise könnte die Amygdala die Gesichter anderer Menschen in großem Tempo interpretieren.

Ähnliche Techniken werden auch bei der Programmierung von Computern benutzt, um die Geschwindigkeit von Programmen zu steigern. Programmierer brauchen häufig einen Zahlenwert der abhängig von einer Variablen ist. Grundsätzlich könnten sie diesen Zahlenwert aus einer Gleichung vom Computer immer neu berechnen lassen. Komplizierte Gleichungen und bestimmte Rechenoperationen fordern allerdings viel Zeit. Das Computerprogramm läuft schneller, wenn die Variablen und die errechneten Zahlenwerte im erwarteten Bereich in einer Tabelle abgelegt werden. Das Programm liest nur die Tabelle aus, findet den passenden Wert und fährt in seiner Arbeit fort. Man könnte die „Gesichter" als eine „Gefühlstabelle" interpretieren, auf die das Gehirn sehr schnell zugreifen kann, um in Notfällen sehr schnell zu handeln.

Das Verformen von Bildern erfordert wenig Aufwand. In der elektronischen Bildverarbeitung wird zum Beispiel jeder Bildpunkt mit einer bestimmten Richtung und Strecke in der Fläche verschoben. Richtung und Strecke lassen sich mit einem Pfeil darstellen, einem Vektor. Dabei muss nicht jeder einzelne Bildpunkt bearbeitet werden. Eine Digitalkamera liefert immerhin einige Millionen Bildpunkte, millionenfache Berechnungen fordern sehr viel Zeit. Einfacher ist es, vorher markante Bildpunkte zu finden und nur sie zu verschieben. Daraus ergibt sich eine Landkarte von wenigen Vektoren im Bild, nach deren Regeln nun die Verschiebung anderer Bildpunkte einfach berechnet werden kann.

Das Gehirn rechnet tatsächlich mit Vektoren. Forscher konnten zeigen, dass einige Nervenzellen einen Vektor genau und sicher darstellen können. Sie haben beispielsweise die elektrischen Signale von Nervenzellen abgeleitet, die eine Hand im Raum bewegen. Jede Nervenzelle ist dabei für eine ganz bestimmte Richtung zuständig. Je mehr die beabsichtige Richtung mit „ihrer Richtung" übereinstimmt, desto stärkere elektrische Signale schickt die Zelle in das Netzwerk der Nervenfasern. Die Richtung der Bewegung ist dann die Summe aller Vektoren, die von den Nervenzellen durch die Stärke ihrer elektrischen Signale bestimmt werden. Die Forscher konnten aus den elektrischen Messungen die Bewegung auch im Nachhinein berechnen. Diese Technik des Gehirns ist sogar besonders sicher. Da sie durch die Signale vieler Nervenzellen bestimmt wird, wird die Bewegung auch dann noch hinreichend genau gesteuert, wenn in einem solchen Verbund viele Nervenzellen ausfallen.

Auch in der Wahrnehmung arbeitet das Gehirn nur mit markanten Punkten und nicht mit dem gesamten Bild. Das lässt sich mit Versuchen in dunklen Räumen zeigen, bei denen die Versuchspersonen nur helle Markierungen an den hauptsächlichen Gelenken tragen. Ein menschlicher Beobachter kann aufgrund dieser mageren Information sofort entscheiden, ob sich eine Frau oder ein Mann bewegt, wohin die Person sich bewegt und was sie gerade tut. Genauso sind für das Gehirn nur wenige Punkte im Gesicht wirklich wichtig, aufgrund deren Lage zueinander sich das Gesicht unverwechselbar erkennen lässt. Sie liefern Informationen über den Gesichtsausdruck, damit über Gefühle und Absichten. Diese Information muss aber ausgewertet werden. Es entspräche dem bekannten Stil der Technik des Gehirns, das beobachtete Bild mit einer Gesichtsschablone zu überlagern. Die Verformung der Schablone an markanten Punkten liefert wenige Vektoren, mit denen der fremde Gesichtsausdruck schnell und sicher gemessen werden kann. Das Ergebnis wäre im Prinzip ein genauer Zahlenwert für das Gefühl, das im Gesicht gerade zu erkennen ist.

Aber warum beginnt das Gehirn seine Arbeit mit einer Satansfratze, statt mit freundlichen Gesichtern? Dieser Punkt zeigt eine Grundhaltung des Gehirns, die es offenbar zum Überleben entwickelt hat und die dem Meditierenden immer wieder als Hindernis begegnet: Das Böse und Schlechte kommt zuerst. Wer überleben will, muss zuerst einmal den Grad der Angriffslust und Aggression bei anderen einschätzen können. Bruchteile von Sekunden können über Leben und Gesundheit entscheiden. Also geht das Gehirn von bösen Absichten aus und beginnt die Vergleichstabelle auf der negativen Seite. Ein freundliches Lächeln ist nicht gefährlich. Hier ist die schnellstmögliche Verarbeitung also auch nicht zwingend. Im Gegenteil: Langsame Bewegungen und etwas Zeit für den anderen Menschen sind die richtige Reaktion auf ein freundliches Gesicht.

Solche Erlebnisse bieten dem Meditierenden ein unbegrenztes Übungsfeld für die Verarbeitung der eigenen Gefühle. Die Erfahrungen aus der Meditation übernimmt das Gehirn genauso wie Erfahrungen des alltäglichen Lebens. Im Alltag wird es dabei aber stark behindert, es muss gleichzeitig viele Aufgaben erfüllen und wird mit Sinneseindrücken bombardiert. Die Bedeutung, die bestimmten Signalen zugewiesen wird, hängt im Alltag sogar vom Zufall ab. Ich begegne zum Beispiel einem lächelnden Gesicht. Gleichzeitig komme ich aus einer schrecklichen Besprechung und das Wetter ist grauenhaft. Welche Schlüsse zieht nun mein Gehirn und fügt sie in die Grundeinstellungen meiner Gefühlsverarbeitung ein? In der Meditation ist alles einfacher und überschaubarer, gerade weil der Meditierende sich an einem ruhigen Ort jeder Störung verweigert. Hier kann das Gehirn frei und ohne Zwänge lernen und dabei grundsätzliche Fragen neu bewerten. Dazu gehört zum Beispiel: „Wie viel Ängstlichkeit ist für mich nötig, wie viel Schreckhaftigkeit und wie viel negative Erwartung?"

Der Charakter eines Menschen wird von seinen Erwartungen bestimmt. Hier laufen die unbewussten Schablonen und Tabellen ab, die noch vor dem bewussten Denken zu Entscheidungen und Handlungen führen. Auf dieser Ebene ist der Mensch ein Roboter, der im Schreck die Arme hochreißt oder anderen Menschen misstrauisch begegnet, noch bevor das bewusste Denken einsetzt. Entsprechend wird er von anderen Menschen auch behandelt oder eingeschätzt. Die Erwartungen bestimmen obendrein, was ein Mensch überhaupt wahrnimmt, was er dabei erlebt und welche Gefühle dabei entstehen. Warum das so ist, davon handelt das nächste Kapitel.

Intuitives Denken

Unter Meditierenden gilt das intuitive Denken als ein hohes Ziel. Jeder Mensch besitzt ein intuitives Denken, egal ob er meditiert oder nicht. Meditation aber kann das intuitive Denken ins Bewusstsein heben und genauso bewusst werden lassen wie das gewohnte sprachliche Denken. Damit erschließt sich der Meditierende eine überraschende und große Welt.

Das intuitive Denken erleben Menschen normalerweise so, als würden Einsicht, Ideen und Entscheidungen vom Himmel fallen. Plötzlich sind auch komplizierte Zusammenhänge klar, zumindest in Form eines sicheren Gefühls. Manchmal grenzen solche Vorgänge an Hellsehen oder Gedankenlesen. Der Einzelne ist sich in solchen Fällen sicher, dass der Verstand dabei manches gar nicht wissen kann. Genauso erkennt das intuitive Denken Dinge in anderen Menschen, die scheinbar nur aus den fremden Gedanken stammen können und eigentlich gar nicht bekannt sein sollten. „Menschenkenntnis" ist ein solcher Vorgang. Jemand kann freundlich erscheinen, trotzdem wissen wir, dass hinter der freundlichen Fassade schlechte Absichten stecken. Genauso sagt die Intuition, dass wir jemandem vertrauen können, obwohl andere Menschen das vielleicht ganz anders sehen. Auch in diesem Fall sind die Gründe für dieses „Bauchgefühl" anderen Menschen praktisch nicht zu vermitteln.

Komplizierte Entscheidungen „aus dem Bauch heraus" sind häufig nicht erklärbar. Dabei geht es meistens um Entscheidungen, bei denen viele Vor- und Nachteile gegeneinander abgewogen werden müssen und mancher Vorteil auch mit Nachteilen verknüpft ist. Die Einrichtung eines Wohnzimmers oder der Kauf eines Autos wären beispielsweise solche Probleme. Die perfekte Entscheidung liegt nur selten auf der Hand. Wer kann sich vorstellen, wie das Sofa mit dem Schrank kombiniert aussieht, wenn der Teppich dazu kommt, die Beleuchtung durch die Fenster, die Wege, die sich aus der Lage der Türen ergeben? Genauso beim Auto: Technische Daten allein sind in aller Regel nicht der

Grund zum Kauf. Das Auto muss sich richtig „anfühlen",
damit es den Bedürfnissen entspricht.

Hinter "Bauchentscheidungen" steckt ein Vorgang, bei
dem das Gehirn eine regelrechte Simulation der Welt erzeugt. Es stellt das Sofa aus dem Möbelladen tatsächlich
ins Zimmer und läuft darin herum. Es legt den Teppich
aus und schaut nach der Harmonie der Farben. In dieser
Simulation können wir auch auf dem neuen Sofa sitzen. Ist
das Zimmer gut überschaubar, sind Dinge auf dem Tisch
erreichbar? Dabei geht es häufig um Zentimeter oder ganz
bestimmte Winkel, an die im Möbelladen niemand bewusst
denkt. Dazu kommt der Verkäufer, der uns mit Informationen füttert und die Welt in seinen Farben zeichnet. Trotzdem wissen wir: Der schwatzt mir gerade etwas auf oder er
will ehrlich bei der Entscheidung helfen.

Das intuitive Denken kommt aus verschiedenen Abteilun-
gen im Gehirn. Am besten untersucht sind die Bewegungs-
zentren, die für die Steuerung des Körpers zuständig sind.
Im Jahr 1996 gelangen dem italienischen Neurobiologen
Giacomo Rizzolatti und seinem Team Beobachtungen, die
das Bild vom Menschen grundlegend verändert haben (Rizzolatti u. Sinigaglia 2008). Sie hatten einem Affen Elektroden
ins Gehirn gepflanzt und die Signale einzelner Nervenzellen
(Neuronen) abgeleitet. Das Tier leidet dabei nicht, denn diese Elektroden sind extrem dünn und dürfen die Zellen nicht
beschädigen. Der Affe sollte Nüsse von einem Tablett nehmen; die Elektroden steckten in den Nervenzellen, die für die
Greifbewegung der Hand zuständig waren. Die elektrischen
Signale zeigten nun, wie die Nervenzellen gemeinsam diesen
Vorgang steuern. Daraus ergibt sich ein Signalmuster, das
jeweils typisch für eine bestimmte Handbewegung ist.

Aufregend wurden diese Experimente allerdings durch
etwas völlig anderes. Die Nervenzellen des Affen lieferten

die „Greifsignale" nämlich auch, wenn das Tier seine Hand überhaupt nicht bewegte. Giacomo Rizzolatti stellte fest, dass in solchen Momenten ein Mitarbeiter die geplante Handbewegung zur Nuss auf dem Tablett ausführte. Es ließ sich leicht beweisen, dass die gleichen Nervenzellen ihre elektrischen Signale „feuerten", wenn der Affe selbst seine Hand benutzte oder wenn er die gleiche Bewegung nur bei anderen beobachtete. Die Nervenzellen machten zwischen den Handlungen des Affen und den Handlungen des Mitarbeiters keinen Unterschied und produzierten die gleichen Signale.

Im Prinzip konnte dieser Affe also die Steuerzellen seiner Hand in seinem Gehirn benutzen, um die Bewegung des Labor-Mitarbeiters zu verstehen. Der Affe nahm die fremde Bewegung so wahr, als würde er sie selbst ausführen. Die eigenen Nervenzellen spiegeln also die Aktivitäten der fremden Nervenzellen im anderen Gehirn. Deshalb werden diese Nervenzellen Spiegelneuronen genannt.

Giacomo Rizzolatti und seine Arbeitsgruppe fanden rasch heraus, dass solche Spiegelungen nicht nur bei Handbewegungen auftreten. Alle Nervenzellen, die Bewegungen des Körpers steuern, können die Bewegungen anderer Menschen oder Tiere spiegeln. Das Gehirn unterscheidet auf dieser Ebene nicht zwischen sich und anderen Menschen. Alles was ein anderer Mensch mit seinem Körper tut, erleben wir mit den eigenen Nervenzellen so, als würden wir es selbst tun. Wir „sind" dann praktisch der andere Mensch.

Bei nahen Angehörigen, guten Freunden oder Arbeitskollegen haben die Spiegelneuronen und die übergeordneten Instanzen im Gehirn viel Zeit und Gelegenheit genaue Erfahrungen zu sammeln. Das alte Sprichwort sagt es kurz: „Du bist ein Teil von mir." Das Gehirn räumt solchen Menschen nämlich eine eigene Abteilung ein. Diese Einrichtung eröffnet die Fähigkeit zum „Hellsehen", wenn es um solche Menschen geht. Das Gehirn verfügt über umfangreiche Daten für eine sehr genaue Simulation der Wirklichkeit. Es kann damit nicht nur herausfinden, was der andere in einer bestimmten Situation tun würde. Es kann Vorhersagen machen über das, was der andere tatsächlich tut. So entstehen Telefonanrufe und der andere sagt: „Ich habe gerade an Dich gedacht." Dahinter steht kein Hellsehen oder Gedankenübertragung. Es ist einfach eine unvorstellbar leistungsfähige Eigenschaft der Spiegelneuronen und der übergeordneten „Simulation" im Gehirn.

Schmerzhaft wird diese Fähigkeit, wenn Menschen, zu denen wir eine enge Bindung haben, sterben oder eine Partnerschaft auflösen. Die entsprechenden Nervenzellen im Gehirn sind auf diesen Menschen trainiert, das Gehirn entwickelt weiterhin Erwartungen, die in der Wirklichkeit nicht mehr zu erfüllen sind. Sie arbeiten also ständig ins Leere. Deshalb kann Trauer Jahre dauern und sehr schmerzhaft sein. Das Gehirn muss umlernen, wie ein Körper, der einen Arm verloren hat. Interessant ist, dass trauernde Menschen manchmal den verlorenen Partner wirklich sehen oder das Gefühl seiner Gegenwart haben. Erwartungen können nämlich auch bei geistig gesunden Menschen so stark werden, dass es zu Halluzinationen oder Sinnestäuschungen kommt. Tatsächlich ist das nicht nur bei trauernden Menschen so. Erwartungen dringen häufig ins Bewusstsein und ersetzen die tatsächlich wahrgenommene Realität.

Die Entdeckung der Spiegelneuronen war eine Revolution für das Verständnis des Gehirns und löste eine Flut von wissenschaftlichen Arbeiten aus. Joachim Bauer (2006) hat die Ergebnisse allgemein verständlich zusammengefasst. Schlagartig wurde nämlich klar, weshalb Menschen und Tiere sich überhaupt verstehen. Zum Beispiel: Zwei Menschen gehen aufeinander zu und müssten eigentlich zusammenstoßen. Das geschieht aber nicht. Sie weichen einander aus und wissen dabei ganz genau, welche Richtung und welcher Abstand nötig sind. Woher wissen sie das? Es sind die Spiegelneuronen im Gehirn, die eine Simulation des anderen Menschen liefern. Wenn ich nämlich die laufende Bewegung eines anderen Menschen im eigenen Körper nachvollziehe, dann weiß ich auch, wohin diese Bewegung mit dem eigenen Körper führen würde. So kann das Gehirn Vorhersagen treffen und die Ausweichbewegung steuern.

Mit der gleichen Technik ist „Gedankenlesen" keine Hexerei mehr. Gefühle drücken sich nämlich in Körperbewegungen aus, die unbewusst ablaufen und auch unbewusst wahrgenommen werden. Das leichte Kräuseln der Stirn sagt vielleicht: „Das glaube ich nicht." Eine kurze Fingerbewegung meldet: „Ich verliere die Geduld." Im beobachtenden Gehirn werden solche Bewegungen von den Spiegelneuronen nachvollzogen. Dort entsteht die Frage: Was bedeutet das Kräuseln der Stirn, wenn ich es selbst ausgelöst hätte? Wie viel Ungeduld genau steckt hinter der Fingerbewegung? So erkennen wir die Gefühle anderer Menschen als wären es unsere eigenen und können reagieren. Mit Gedankenlesen (Telepathie) hat das nichts zu tun. Aber die Fähigkeit zum Erfassen von Gefühlen (Empathie) ist seit Langem bekannt. Manche Menschen sind sensibler, andere weniger sensibel. Tatsächlich sind Körpersprache und Empathie die wesentlichen Kommunikationskanäle zwischen Menschen, Sprache ist dagegen ein sehr dünner Kommunikationskanal.

Was Körpersprache und Empathie leisten können, ist praktisch unbegrenzt. Ein Beispiel haben Verhaltensforscher in der Gruppe um Karl Grammer an der Universität Wien gefunden (Grammer et al. 2003). Sie haben sich gefragt: Welche Frauen finden Männer attraktiv? Es stellte sich heraus, dass Männer dabei den Hormonspiegel im monatlichen Fruchtbarkeitszyklus der Frauen messen, als hätten sie eine Blutprobe und ein Labor. In den fruchtbaren Tagen, wenn Frauen Kinder empfangen können, ist diese Frau praktisch für jeden Mann „schön" und begehrenswert. In ihrem Experiment hatten die Wiener Forscher Frauen gebeten, sich vor eine Videokamera zu stellen und sich einfach um die eigene Achse zu drehen. Dann bestimmten sie den Hormonspiegel dieser Frauen, vor allem Östrogen, das die Fruchtbarkeit der Frauen reguliert. Anschließend wurden diese Videos Männern gezeigt, die dann gebeten wurden, die Frauen von schön bis hässlich einzustufen. Frauen bewegen sich umso schwungvoller, je höher ihr Östrogenspiegel ist. Obwohl die Männer das nicht wussten, stuften sie Frauen mit einem hohen Östrogenspiegel intuitiv als attraktiv ein, und zwar mit einer Treffsicherheit als hätten sie eine chemische Untersuchung durchgeführt. Trotzdem ist keiner Frau und keinem Mann bewusst, dass solche Signale ihr Verhalten und vor allem ihre Bewertung anderer Menschen steuern. Die Wiener Forschungsgruppe hat noch weitere Experimente zu diesem Thema durchgeführt, Beispiele finden Sie im Internet unter http://evolution.anthro.univie.ac.at.

Dabei liefert die Information der Spiegelneuronen, also die Bewegung anderer Menschen, die Grundlage für eine noch viel tiefer gehende Analyse. Spiegelneuronen reißen nämlich Grenzen zwischen Menschen nieder. Die Gefühle des anderen spiegeln sich im eigenen Gehirn, als wären es die eigenen Gefühle: Deshalb ist ein Lächeln ansteckend und zaubert ein Lächeln auch auf andere Gesichter, aus dem gleichen Grund wirkt aber auch ein ständig schlecht gelauntes Gesicht wie Gift für die gute Stimmung der Mitmenschen (Rizzolatti u. Sinigaglia 2008).

Auch die Meister der Meditation kennen solche Erfahrungen. Wenn das sprachliche Denken, die Gefühle und die Sinne immer mehr beruhigt und entspannt werden, dringt die Stimme des intuitiven Denkens immer weiter an die Oberfläche. Irgendwann, mit den Versenkungsstufen fünf und sechs, wird diese Stimme bewusst und jederzeit erlebbar. Diese Meditierenden wissen dann, warum sie bestimmte Entscheidungen „aus dem Bauch heraus" treffen. Sie können den Körper eines anderen Menschen bewusst in sich spüren und seinen Zustand erleben. Genauso bewusst erleben sie die Gefühle anderer Menschen. Diese Fähigkeiten meinen die alten Meister mit Begriffen wie „universelles Bewusstsein".

Das geheimnisvolle Wort beschreibt, wie das menschliche Gehirn tatsächlich arbeitet. Es unterscheidet auf der Ebene der Spiegelneuronen nicht zwischen sich und anderen Menschen. Tatsächlich *kennen wir* aber diesen Unterschied, und das ist ein Problem. Mit welchen Mitteln das Gehirn zwischen sich und anderen Menschen unterscheidet, ist nämlich in der Wissenschaft noch ziemlich unbekannt. Sicher ist, dass Kleinkinder diese Unterscheidung zwischen dem „Ich" und den anderen noch nicht machen. Das Bewusstsein für das „Ich" muss das Kind erst entwickeln, es entsteht in den ersten beiden Lebensjahren, vor der ersten Trotzphase, die typisch für dreijährige Kinder ist. Aber auch Erwachsene erleben gar nicht selten die Auslöschung ihrer „Ich-Grenze". Eltern spüren manchmal die Schmerzen ihrer Kinder, manche Menschen geraten in Panik, wenn ein anderer etwas (aus ihrer Sicht) Gefährliches tut. Die „Ich-Grenze" ist tatsächlich keine Mauer, sondern ein durchlässiges Gebilde. Sie kann sogar völlig zusammenbrechen, wenn zum Beispiel Gruppen „wie ein Mann" handeln, ohne jede bewusste Kommunikation. Dabei können sogar sämtliche Kontrollmechanismen im Gehirn abgeschaltet werden, und dann handeln solche Gruppen wie in einem Rausch.

In der Meditation ist die „Überwindung des Ich" in den Versenkungsstufen fünf und sechs allerdings kein Rückfall zum Kleinkind. Der Meditierende nimmt es dabei nämlich selbst in die Hand, wie stark er sich dem Einfluss anderer Menschen überlässt und wie intensiv er diesen Einfluss erleben will. Allerdings muss diese Möglichkeit des „Abstandschaffens" auch vom Gehirn gelernt werden. Häufig haben Meditierende zuerst das Gefühl, den eigenen Körper „verloren" zu haben. Sie erleben, wie andere Menschen direkt auf sie wirken und vor allem in ihnen wirken. Das war auch vorher so, aber dem Meditierenden werden solche Wirkungen nun bewusst. Ohne Meditation würde das Gehirn genauso funktionieren, aber unbewusst und weitgehend außerhalb der bewussten Kontrolle. Die „Überwindung des Ich" ist also kein Verlust des eigenen Ich, sondern das genaue Gegenteil, nämlich das Bewusstsein für den Zustand der eigenen Ich-Grenze.

Der Meditierende erlebt bewusst, dass ihn die schlechte Stimmung eines anderen „nach unten zieht". Es liegt in seiner Hand, diesen Einfluss zu erlauben oder nicht. Solche Möglichkeiten haben andere Menschen selten. Sie reagieren ebenfalls mit schlechter Stimmung, im günstigsten Fall beschweren sie sich über denjenigen, „der schlechte Stimmung verbreitet". Der Meditierende hat andere Möglichkeiten. Er kann Gleichmut und Gelassenheit aus der Meditation nämlich auch auf das „universelle Bewusstsein" mit anderen Menschen anwenden. Die schlechte Stimmung erreicht ihn, aber nicht mehr in den eigenen Gefühlen. Diese Fähigkeit hat der Meditierende mit der 4. Stufe der Versenkung für seine eigene Person erworben, wenn er die Illusion hinter seinen eigenen Gefühlen erkennt. Allerdings erfährt diese Einsicht in den Stufen fünf und sechs eine unerwartete Anwendung auch auf andere Menschen. Es dauert manchmal Monate, bis der Meditierende damit reibungslos umgehen kann.

„Universelles Bewusstsein" bedeutet allerdings weit mehr als das bewusste Erleben von Körpersprache. Vielmehr gewinnen alle Dinge eine andere Qualität. Der entscheidende Punkt im Wirken der Spiegelneuronen ist nämlich nicht, dass die eigenen Nervenzellen Bewegungen nachvollziehen, die fremde Nervenzellen gerade in einem fremden Körper steuern. Entscheidend ist, dass im eigenen Gehirn auch das Warum dieser Bewegungen nachvollzogen wird. Hier liegt ein schwerwiegendes Problem: Wenn ich selbst die Hand ausstrecken möchte, dann kenne ich meine Gründe dafür. Der Affe von Giacomo Rizzolatti wollte eine Nuss greifen. Nehmen wir also an, der Affe hatte Hunger und hat deshalb nach der Nuss gegriffen. Was hat dieser Affe nun gedacht, als Giacomo Rizzolattis Kollege die Nuss gegriffen hat? Er könnte von sich auf andere schließen und denken: Der andere hat bestimmt Hunger. Tatsächlich funktioniert das so, denn der Sinn der Körpersprache liegt nicht in Bewegungen. Sie übermittelt Information, die von den Spiegelneuronen wie eine eigene Bewegung aufgenommen wird. Danach gibt es Instanzen im Gehirn, die nach Sinn und Zweck dieser Bewegungen fragen und sie interpretieren. Diese Instanzen müssen solche Bewegungen auch in die Zukunft weiterdenken. Nur so können wir jemandem ausweichen, dessen Bewegungen in unsere Richtung steuern. Es ist dabei belanglos, ob jemand gerade zu einem Schritt ansetzt. Entscheidend ist, wohin dieser Schritt in der Zukunft führen wird, mit welcher Geschwindigkeit sich der andere Körper deshalb in eine ganz bestimmte Richtung bewegt. Das Gehirn bildet also nicht nur die Außenwelt ab, es muss auch die Zukunft vorhersagen. Dazu kann das Gehirn seinen Aufbau aus verknüpften Nervenzellen nutzen.

Der größte Unterschied zwischen einem Computer und einem biologischen Gehirn liegt in der Richtung der Informationsverarbeitung. In den Prozessor eines Computers fließt die Information seriell, also auf einer Seite hinein und wie auf einer Linie nach der Verarbeitung wieder hinaus. Nervenzellen (Neuronen) arbeiten völlig anders. Ihre Verbindungen zu anderen Nervenzellen funktionieren in beide Richtungen.

Grundsätzlich ist also folgender Vorgang vorstellbar: Die für Nahrungsaufnahme zuständigen Neuronen eines Affen stellen im eigenen Körper Hunger fest. Zufällig melden die Neuronen im Sehzentrum eine Nuss, die ein Wissenschaftler aus dem Team von Giacomo Rizzolatti gerade anbietet. Die Information gelangt auch zu den Hunger-Neuronen. Die kennen den Bedarf und weisen die motorischen Neurone an: zugreifen und essen. Die Hand wird entsprechend gesteuert und der Affe nimmt die Nuss.

Ein Computer stieße hier an die Grenzen seiner Fähigkeiten. Ein neuronales Netz kann aber auch in die andere Richtung verarbeiten: Nuss greifen und essen hat als Ursache ein Signal der Hunger-Neuronen. Also weiß der Affe jetzt, dass der Mitarbeiter zugreift und die Nuss nimmt, weil er Hunger hat. Aber geben die Nervenzellen das Signal der Hunger-Neuronen auch zurück in das Sehzentrum? Dort könnte nun der Anblick einer Nuss entstehen und zwar zusätzlich zu der Nuss, die tatsächlich gerade von den Augen beobachtet wird und die der Mitarbeiter gerade greift. Auf jeden Fall kann der Affe eine Vorhersage über den Labor-Mitarbeiter machen: Wenn er Hunger hat, dann wird er die Nuss essen. Er kann auch umgekehrte Schlüsse ziehen: Wenn er die Nuss nicht isst, dann hat er auch keinen Hunger.

So entwickelt der Affe eine Vorstellung davon, was den Labor-Mitarbeiter in seinem Inneren bewegt. In der Wissenschaft heißt diese Vorstellung eine „Theory of Mind", also eine Theorie, ein Modell vom Bewusstsein anderer Menschen. Gehirne brauchen dafür keine übersinnlichen Fähigkeiten. Sie nutzen nur die Möglichkeit, dass Neuronen Informationen in die eine *und* die andere Richtung verarbeiten und vernetzen können.

Theory of Mind

Der Begriff „Theory of Mind" bezeichnet die Fähigkeit, eine klare Vorstellung vom inneren Zustand anderer Menschen oder Tiere zu entwickeln: Gefühle, Meinungen, Absichten, Erwartungen und Bedürfnisse. Dazu gehört auch, die aktuelle Wahrnehmung anderer Menschen zu verstehen. Zum Beispiel: Kann jemand eine herankommende Gefahr selbst erkennen oder muss ich warnen? Die Fähigkeit zur Theory of Mind ist nicht selbstverständlich. Autisten haben sie häufig nicht, Kleinkinder entwickeln sie in den ersten Lebensjahren. Menschenaffen und niedere Affen können in bestimmten Situationen ihre Artgenossen nicht einschätzen, ihre Fähigkeit zur „Theory of Mind" ist begrenzter als beim Menschen. Empathie, die Fähigkeit Gefühle anderer Menschen mitzufühlen und zu verstehen, hat andere Grundlagen im Gehirn. Eine Abgrenzung und den Stand der Forschung erklärt Singer (2006).

Diese Eigenschaft der Neuronen widerspricht allerdings der täglichen Erfahrung. Im Alltag laufen nämlich alle

Vorgänge in eine einzige Richtung ab, von der Ursache zur Wirkung. Die Zeit ist nicht umkehrbar, nichts entwickelt sich zurück in die Vergangenheit. Selbstverständlich läuft die Zeit auch im Gehirn immer nur in eine Richtung. Aber das Gehirn kann Ursache und Wirkung vertauschen, Information in beide Richtungen verarbeiten und dabei etwas Neues schaffen. Dieses Neue hat eine Ursache und die Wirkung und geht selbstverständlich in die Zukunft. Aber das ist nicht immer offensichtlich, deshalb scheinen viele Produkte des Gehirns „nicht von dieser Welt" zu sein und werden allzu gerne in die Welt des Übersinnlichen gestellt.

Die Entwicklung einer „Theory of Mind" ist eine Simulation der Wirklichkeit und ein Modell für die Zukunft im Gehirn. Dabei geht es nicht nur um Nüsse, es geht um das komplette Leben. Wir sind ständig auf Vorhersagen und „Hellsehen" angewiesen. Allein der Gang durch eine Fußgängerzone macht das klar. Wie lange brauche ich bis zu dem Geschäft, in dem ich einkaufen will? Das Gehirn ist diesen Weg in seiner Simulation schon längst gegangen und es weiß: „Ich habe Zeit." Sie treffen unterwegs einen Freund und führen ein Gespräch. Irgendwann spüren Sie Unruhe und hören sich sagen: „Jetzt muss ich aber los." Das Gehirn hat seine Simulation nämlich weiterlaufen lassen und nun festgestellt, dass der Zeitplan in Gefahr gerät. Das Geschäft ist bald nicht mehr rechtzeitig vor Ladenschluss erreichbar und so wird ein Abschied nötig. Ins Geschäft gehen Sie mit ruhigen Gefühlen, obwohl sich draußen eine Horde Betrunkener ziemlich laut gebärdet. Sie haben keine Angst, weil Ihr Gehirn schon eine „Theory of Mind" zu dieser Gruppe entworfen hat. Es ist sicher, dass hier mit einem Angriff nicht zu rechnen ist. Sie strecken aber schon die Hände aus, um die Ladentür zu halten. Der Kunde vor Ihnen wird nämlich in den Laden stürmen, ohne die Tür höflich zu übergeben. Damit haben Sie gerechnet, aber woher wussten Sie das?

Tatsächlich sind die Zusammenhänge zwischen Gehirnfunktionen und dem Erleben anderer Menschen unter Neurobiologen noch umstritten. Spiegelneuronen sind zuerst einmal Nervenzellen, die den eigenen Körper steuern und mit denen das Gehirn die Bewegungen anderer Körper nachvollzieht. Das „Warum", also die Theory of Mind, muss dort nicht unbedingt entstehen. Außerdem haben Menschen noch eine weitere Fähigkeit, die Gefühle anderer Menschen zu erkennen, zu verstehen und ihre Stärke zu bestimmen. Diese Fähigkeit heißt Empathie. Tania Singer (2006) hat einen Übersichtsartikel zu Empathie und Theory of Mind veröffentlicht. Zwar kommt sie zu dem Ergebnis, dass die Zusammenhänge noch nicht eindeutig verstanden sind und weitere Forschung auf diesem Gebiet nötig ist, trotzdem zeichnet sich aber ab, dass die Entwicklung einer Theory of Mind den präfrontalen Kortex des Gehirns aktiviert. Dieses Gebiet hinter der Stirn ist auch aktiv, wenn es um Bewertungen, die Herstellung von Zusammenhängen und die Kontrolle von Gefühlen geht. Aufgaben im Zusammenhang mit Empathie, zum Beispiel „wie viel Schmerz spürt ein anderer Mensch?", aktivieren Hirngebiete im limbischen System. Hier liegen die wichtigen „Gefühlszentren". Ob auch sie wie Spiegelneuronen eingesetzt werden, ist noch ungeklärt. Die Erforschung des menschlichen Gehirns ist noch lange nicht abgeschlossen.

Jedes Gehirn simuliert zu jeder Zeit die Wirklichkeit und trifft Vorhersagen für die Zukunft. Für den Meditierenden ist es trotzdem eindrucksvoll, wenn er diese Vorgänge schließlich bewusst erleben kann. Ein unscheinbarer Stein scheint plötzlich zu sprechen. Natürlich hört der Meditierende dabei keine Stimmen. Aber er „weiß" nun

Dinge, die ihm früher nicht bewusst waren. Der Stein wirft zum Beispiel einen Schatten, der das Wachstum der Pflanzen in seiner Umgebung beeinflusst. Der Meditierende erfasst solche Zusammenhänge bewusst, weil er Zugriff auf die Simulation in seinem Kopf hat. Ihn wird stören, wenn Schatten und Pflanzen nicht zusammenpassen. Vielleicht hat jemand den Stein gerade erst an dieser Stelle abgelegt und die Pflanzen haben mit ihrem Wachstum noch nicht reagiert.

Natürlich macht niemand jahrelang Meditationsübungen, um sich über Steine Gedanken zu machen. Vielmehr schafft der direkte Zugriff zum intuitiven Denken andere wertvolle Fähigkeiten, die im Alltag von hohem Nutzen sein können. Der Meditierende erkennt die Ursachen für menschliches Verhalten leichter. Warum, zum Beispiel, werden Menschen aggressiv? Wie reagieren andere darauf? Er kann das Verhalten anderer möglicherweise nicht ändern, aber er kann es bewusst verstehen. Damit verpufft auch die Unsicherheit, die in vielen Situationen mit anderen Menschen entsteht. Eigene Gefühle werden geschützt, da die Intentionen der Mitmenschen besser interpretiert werden können, der Meditierende kann angemessener reagieren. Aggression erzeugt Stress und fordert rasches Handeln, oft nach Schablonen in der Art „der schreit – ich schreie zurück". Sobald die „Theory of Mind" bewusst wird, die Aggression des anderen die eigenen Gefühle nicht bestimmt, werden solche Schablonen nach und nach überflüssig. Der Meditierende kann im „Hier und Jetzt" handeln, angemessen und flexibel reagieren.

Das intuitive Denken ist eine unerschöpfliche Quelle für Kreativität und Menschlichkeit. Dinge im Zusammenhang zu sehen, weckt auch die Fähigkeit, sie in Harmonie zu bringen. Deshalb wirken die Gärten, Blumengestecke, selbst das einfache Servieren einer Tasse Tee aus der Hand eines Zen-Meisters so berührend. Harmonie ist dabei nicht gleichbedeutend mit der Gesetzmäßigkeit von Formen und Farben, die starren Regeln folgt, wie wir es zum Beispiel aus der Harmonielehre in der Musik oder den Regeln der Perspektive in der Malerei kennen. Das Tun von Zen-Meistern funktioniert völlig anders. Harmonie ist in erster Linie abhängig von der Frage, welche Bilder und Empfindungen bestimmte Formen und Farben im Gehirn eines Menschen hervorrufen. Ein Zen-Garten hat deshalb keinen Gartenweg, an dessen Rändern Steine liegen. Der Weg ist vielmehr so angelegt, dass man direkt an einen Pfad im Gebirge denkt, der Wind und Wetter ausgesetzt ist. Das Blumengesteck lässt die Pflanzen in einer lebendigen Umgebung wachsen, eine Geschichte erzählen, statt sie „schön" in eine Vase zu stecken. Die Tee-Zeremonie wird zu einem Gespräch, bei dem Worte die Menge der Information gar nicht transportieren könnten.

Eine „Theory of Mind", die das Gehirn für andere Menschen entwickelt, stammt nicht aus der realen Welt. Sie ist eine Theorie, eine Annahme des Gehirns über das, was von anderen Menschen zu erwarten ist. Dabei werden Informationen genutzt und ausgewertet, die der Besitzer des Gehirns häufig nur unbewusst wahrnimmt. Sie beruht aber immer auf Erwartungen, die aus dem eigenen Gehirn stammen. Hier liegt der Stolperstein. Sobald die Erwartungen falsch sind, versagt auch die „Theory of Mind". Diese Erkenntnis ist für Meditierende ein ganz zentrales Thema.

In der einfachen Betrachtung über das Denken von Giacomo Rizzolattis Affen wird eine Erwartung in den Mittelpunkt gestellt: Der Labor-Mitarbeiter hat genauso Hunger wie der Affe, wenn er die Nuss greift. Von sich auf andere zu schließen ist nicht immer richtig, auch wenn es oft zutreffend ist, denn vor allem zwischen Menschen gibt es viele Ähnlichkeiten. Außerdem beschafft sich das Gehirn zusätzliche Informationen, die in die „Theory of Mind" einfließen. Trotzdem haben die eigenen Vorurteile, Grundeinstellungen und Erwartungen einen wichtigen Einfluss. So könnte der Affe erwarten, dass die Nüsse nur für ihn bestimmt sind, da die Wissenschaftler damit ihre Experimente machen und der Affe noch nie gesehen hat, dass sie die Nüsse selber essen. Der Affe hat also gute Gründe für seine Erwartung. Seine „Theory of Mind" könnte sich in eine völlig andere Richtung entwickeln: „Der nimmt mir meine Nüsse weg." Statt Mitleid mit einem Hungernden entwickelt der Affe nun Aggression gegen einen Dieb. Der Unterschied zwischen Mitleid und Aggression liegt also in den Erwartungen und nicht in dem, was tatsächlich vorgefallen ist.

Erwartungen entstehen aus Erfahrungen und Grundeinstellungen im Wertesystem eines Menschen oder eines Tieres. Letztlich sollten auch die Grundeinstellungen und Werte aus Erfahrungen stammen, die im Lauf des Lebens gemacht wurden. Sie bilden schließlich den Charakter und die Persönlichkeit eines Menschen. Die Frage ist, wie gut sie mit der Wirklichkeit übereinstimmen. Oberflächlich betrachtet, müsste die Übereinstimmung ziemlich hoch sein, denn immerhin machen Menschen täglich neue Erfahrungen und können ihre Erwartungen daran überprüfen und einstellen. Aber so funktionieren Menschen nicht. Gelernt wird nämlich vor allem bei besonders wichtigen Ereignissen und vor allem in den frühen Lebensjahren. Wäre beispielsweise Giacomo Rizzolattis Affe als Kind von einem Labor-Mitarbeiter misshandelt worden, würde jeder verstehen, wenn er beim Anblick eines Laborkittels zum Angriff überginge. Wir verstehen das, weil Menschen genauso lernen und denken, aber leider meistens unbewusst. Deshalb sind für manche Menschen alle Ausländer schlecht, die Jugend faul und der Rest der Menschheit will sich nur bereichern. Eine „negative Weltsicht" wird sich auch ständig bestätigt fühlen, denn Gegenbeispiele erscheinen nur als „Ausnahme von der Regel".

Die Erwartungen bestimmen die Simulation der Welt im Gehirn, ohne korrekte Erwartungen sind wir sogar regelrecht blind. Deshalb erkundigen wir uns nach dem Aussehen eines Gegenstands, wenn wir jemandem beim Suchen helfen wollen. Das Stichwort „Autoschlüssel" ist zu mager, die Kenntnis vom roten Anhänger oder einer braunen Schlüsseltasche macht die Suche wesentlich erfolgversprechender. Dabei sollte doch „Autoschlüssel" reichen, denn davon liegen bestimmt nur wenige in einer Wohnung.

Das Gehirn sieht vor allem, was seine Erwartungen erlauben. Derart blind entsteht nur selten eine Chance die Wirklichkeit zu sehen. Wir stecken Menschen „in eine Schublade, aus der sie nicht wieder herauskommen" und leben in einer Illusion, die wir für die ganz reale Welt halten. Wir würden es sogar auf einen Streit ankommen lassen, um diese Illusion gegenüber anderen zu verteidigen. Das ist alltägliche Erfahrung. Menschen sind „blind vor Eifersucht", „leben in ihrer eigenen Welt" oder ihnen müsste einmal jemand „die Augen öffnen". Sie leben in der Simulation der Wirklichkeit in ihrem Kopf. Deshalb fragt der Meditierende: „Wann sehe ich die Wirklichkeit?"

Dem Meditierenden werden seine Erwartungen Schritt für Schritt bewusst. Die Gefühle, die damit zusammenhängen, durchlaufen den Filter von Gleichmut und Gelassenheit. Entsprechend können Meditierende eingreifen und ihr „Schubladen-Denken" mit der Zeit verstehen und korrigieren. Sie beißen sich an ihren Erwartungen nicht fest und können Alternativen zulassen. Der Vorgang ähnelt einer Psychotherapie. Auch dabei soll der Patient sein Problem bewusst erkennen und sich damit auch zuerst einmal akzeptieren. Wenn jemand Fehler hat, ist er schließlich noch kein Unmensch. In der Therapie soll sich der Patient mithilfe des Therapeuten von den unbewussten Schablonen befreien, damit er bewusst an seinem Problem arbeiten kann. Ihm werden sozusagen „die Augen geöffnet", er sieht jetzt, wo die Probleme liegen und kann sie gezielt angehen. Genauso entdeckt der Meditierende Seiten seines „Ich", die ihm vielleicht nicht mehr gefallen. Weil sie bewusst geworden sind, liegen sie auf der Werkbank und können mit Gelassenheit bearbeitet werden.

Die entscheidende Bedeutung der Erwartungen war auch den alten Meistern der Meditation bereits bekannt. Hier kommen wir noch einmal auf die Erleuchtung des Gautama Buddha zurück: „Die Welt ist Frustration", die aber oft fälschlicherweise mit „Die Welt ist Leid" übersetzt wird. Leid entsteht durch den Widerspruch zwischen Erwartungen und Wirklichkeit. Dabei ist die erlebte Wirklichkeit schon bestimmt durch Erwartungen, denn jeder Mensch „sieht nur, was er will". Mit der Meditation kann dieser Teufelskreis durchbrochen werden. Die Chance auf echtes Glück ist ein wesentlicher Grund, der Meditierende in ihrer Praxis antreibt. Die Voraussetzung dafür ist das Entrümpeln und der Abschied von Erwartungen, das aktive Erzeugen von Leere im Geist. Auch so kann eine berühmte Überlieferung aus dem Zen-Buddhismus verstanden werden, die ich hier wiedergeben will:

Ein berühmter Gelehrter besuchte einst Na-In, um etwas über Zen zu hören. Höflich goss der Meister ihm Tee ein, doch er fuhr damit fort, bis die Schale überlief und der Tee sich über den Gast ergoss. Dieser rief erschrocken, er möge aufhören. Der Meister erwiderte: „Diese Schale ist voll und kann keinen Tee mehr aufnehmen, solange ich sie nicht leere. So ist auch Euer Geist voller Ideen, und wenn Platz für meine Unterweisung sein soll, müsst Ihr ihn erst leer machen."

Die große Leere und das dritte Auge

Kaum ein Gegenstand ist so rätselhaft wie die „große Leere", die in den Schriften über Meditation seit Urzeiten auftaucht. Viele der geheimnisvollen Sinnsprüche (Koans) des Zen-Buddhismus befassen sich mit der Natur der großen Leere. In der Herz-Sutra sagt der Buddha: „Leere ist Form, Form ist Leere." Das gleiche Wort hat hier zwei verschiedene Bedeutungen und doch nur eine Bedeutung.

Sutra

Eine Sutra (Mehrzahl: Sutren) ist im Buddhismus eine Lehrschrift, in aller Regel in Reimen oder sogar in Gedichtform. Entsprechend können Sutren auch gesungen werden und bleiben deshalb besser im Gedächtnis. Der Ur-Buddhismus (Theravada) hat im 3. Jahrhundert vor Christus einen Kanon von Sutren festgelegt, der direkt auf den Buddha zurückgehen soll. Der weiter verbreitete Mahayana-Buddhismus erkennt auch Sutren späterer Lehrer an, sofern sie den Regeln der buddhistischen Logik folgen (Schumann 1995).

Solche Widersprüche liegen in der Natur der großen Leere. Sie ist der große Schritt vor der Erleuchtung. Aber auch die große Leere ist leer, wie die alten Meister sagen. Sie vereint, was getrennt scheint. Auch darin ist sie rätselhaft. Allerdings war das „universelle Bewusstsein" genauso rätselhaft. Wir haben gesehen, dass dahinter Vorgänge im Gehirn stecken können, die ihren Ausgang von den Spiegelneuronen nehmen. Auf dieselbe Weise möchte ich nun die große Leere betrachten: Woher kommt sie und welche Vorgänge in unserem Gehirn werden hier erlebbar?

In der 7. und 8. Stufe der Versenkung erlischt die Sinnestätigkeit. Geist und Körper wenden sich nun wirklich grundlegenden Bereichen zu. Das „Ich" ist bereits überwunden. „Ich" meint in diesem Zusammenhang die Funktionen in einem Menschen, die in konkreten Situationen Handlungen erzeugen. Wir haben festgestellt, dass „Ich" durch viele Erwartungen, Grundeinstellungen und Werte bestimmt wird. Das „Ich" ist leer, weil es nichts Absolutes ist. Erwartungen, Grundeinstellungen und Werte haben Ursachen, in aller Regel aus Erfahrungen, die im Leben gemacht und verarbeitet wurden. Das „Ich" ist leer, weil ich damit niemandem beweisen kann, wie die Dinge wirklich sind. „Ich" sieht die Welt nur aus seiner eigenen Perspektive und verändert sich obendrein mit der eigenen Lebensgeschichte. Andere Menschen haben andere Erfahrungen und Veranlagungen und sehen die Welt mit ihrem „Ich". Sich daran als Wahrheit zu klammern, sie anderen sogar aufzudrängen, macht also keinen Sinn und erzeugt nur Leid und Frustration.

In der 7. und 8. Stufe der Versenkung beginnt die Überwindung des „Selbst". Das ist im Grunde die Persönlichkeit des Menschen, seine ureigenen Wurzeln, die ihn langfristig und berechenbar kennzeichnen. Während das „Ich" durch Lernen oder in Abhängigkeit von einer Situation veränderbar ist, steht das „Selbst" für grundsätzliche Eigenschaften, die der Einzelne nicht ohne weiteres ändern kann. Dazu gehören vor allem auch Werte, Grundüberzeugungen und die Grundeinstellung der Gefühle, die das Handeln bestimmen und dem Einzelnen eine bestimmte Persönlichkeit geben. Ein „aggressiver Charakter" geht Situationen grundsätzlich anders an als ein „ängstlicher Charakter". Aber auch die Persönlichkeit des Menschen wird durch die Lebensgeschichte, Gehirnfunktionen, chemische und elektrische Vorgänge im Körper bestimmt. Das „Selbst" ist deshalb nicht absolut, es ist leer und kann überwunden werden. Dieser Schritt führt schließlich zur Erleuchtung.

Was liegt „unter" dem intuitiven Denken und führt von den Stufen fünf und sechs (Intuition und Intelligenz) zu den Stufen sieben und acht (Inspiration und Einsicht)? Neurobiologen sind sich sicher, dass es jenseits der Simulationen im Gehirn und der „Theory of Mind" ein Denken auf der unteren Ebene der Neuronen geben muss. Hier werden Erinnerungen abgerufen, Erinnerungen bewertet und gespeichert. Neben den Funktionen des Gedächtnisses werden hier auch Sinnesreize verarbeitet oder Handlungsmöglichkeiten abgewogen und entschieden. Die „Theory of Mind" – so leistungsfähig und umfassend sie auch ist – bildet nur das Ergebnis von Denkvorgängen und ist schließlich nur ein Datensatz, eine Grundlage für das weitere Handeln. Aber wo und wie findet das eigentliche „Denken" statt und vor allem: Wie funktioniert es?

Welche Teile des Gehirns in der Meditation besonders aktiv sind, hängt von der Praxis und der Erfahrung des Meditierenden ab. Wichtige Arbeiten stammen von Brefczynski-Lewis et al. (2007), Hölzel et al. (2007a), Newberg und Iversen (2003) und Slagter et al. (2007), Zusammenfassungen von Cahn und Polich (2006) und Lutz et al. (2007). Grundsätzlich aktivieren Meditierende vor allem den präfrontalen Kortex, den orbitofrontalen Kortex, Teile des

Cingulum und den Hippocampus, auch in der Amygdala, dem sogenannten Mandelkern, konnte eine gesteigerte Aktivität nachgewiesen werden. Meditation aktiviert somit genau die Zentren im Gehirn, die Informationen und Erinnerungen verwalten, bewerten und die Grundlage für Entscheidungen schaffen.

Überraschend ist auch eine Struktur im orbitofrontalen Kortex des Gehirns, die Hölzel et al. (2007b) bei Untersuchungen mit Kernspin-Tomographen bei Meditierenden gefunden haben. Dieser Teil des Gehirns ist allgemein für Werte und soziale Kompetenzen zuständig. Die neu entdeckte Struktur zeigt sich immer ausgeprägter mit wachsender Praxis des Meditierenden. Sie liegt exakt dort, wo seit alters her von verschiedensten Kulturen das „dritte Auge" gesehen wird: in der Mitte der Stirn, etwas über der Verbindungslinie der Augenbrauen. Luders et al. (2009) fanden vergleichbare Veränderungen, allerdings im rechten orbitofrontalen Kortex, nicht im linken. Der Unterschied zu Hölzel et al. (2007b) ist bisher nicht zu erklären.

Es ist bemerkenswert, dass die alten Kulturen diese Struktur im orbitofrontalen Kortex, die nun mit moderner Technik nachgewiesen wurde, seit Jahrtausenden kennen. Denkbar wäre, dass Meditierende das „dritte Auge" auf dieselbe Weise festgestellt haben, wie es heutige Kernspin-Tomographen (NMR, MRT) tun. Eine höhere Aktivität irgendwo im Gehirn wird nämlich durch stärkere Durchblutung versorgt. Diese Durchblutung können Kernspin-Tomographen messen. Eine höhere Durchblutung geht mit Wärme einher, die auf der Stirn in der Haut zu spüren ist. Im Gehirn selbst gibt es keine Sinneszellen, die solche Empfindungen melden könnten. Trotzdem ist die Wärmeentwicklung des Gehirns gut bekannt, wie Sprichwörter zeigen. Ruhige Menschen „bewahren einen kühlen Kopf", übermäßig engagierte Menschen lösen ein Problem „mit heißer Stirn" und aufbrausende Menschen sind als „Hitzköpfe" bekannt. Hinter dem Wissen der alten Kulturen steckt also wieder einmal keine übersinnliche Kraft, sondern die genaue Beobachtung des eigenen Körpers.

In der großen Leere zeigt sich die Welt in umfassenden Zusammenhängen. Soweit ich es in der Meditation erlebt habe, gibt es grundsätzliche Muster, mit denen das Gehirn Objekte der Welt charakterisiert. Diese Muster bestehen aus Bildern, kurzen Filmen, zu erwartenden Empfindungen der Sinne und einem Körpermodell für den Umgang mit solchen Objekten. Zum größten Teil bestehen sie aus einer breiten Palette zu erwartender Gefühle. Diese Bestandteile eines Musters werden als Block, gemeinsam und zur gleichen Zeit, in die Verarbeitung geschickt. Es handelt sich um eine wirklich große Datenmenge, für jedes einzelne Objekt in der realen Welt.

Ein typisches Muster besteht aus zwei oder mehr Extremformen, zwischen denen andere Formen des gleichen Objekts zu erwarten sind. „Tisch" könnte zum Beispiel zwischen den Extremen vom niedrigen Couchtisch mit kurzen Beinen und einem großen Esstisch repräsentiert werden. Was sonst als „Tisch" erkannt werden kann, liegt irgendwo dazwischen. Was nicht dazwischen liegt, wäre nur schwierig als Tisch zu erkennen. Das Gehirn geht aber breiter vor: Zum Beispiel haben die äußerst niedrigen japanischen Tische oftmals gar keine Tischbeine, der Benutzer sitzt davor auf dem Boden. Trotzdem hat auch ein europäisches Gehirn kein Problem damit, sie eindeutig als Tisch einzuordnen, denn die Handlungsanweisungen für einen Tisch sind weitaus wichtiger. Die erwarteten Gefühle beim Essen, miteinander Reden oder Spielen gelten auch an einem japanischen Tisch. Deshalb kann auch ein anderes Möbelstück zum Tisch erklärt werden, ohne dadurch Verwirrung zu stiften. In der großen Leere ordnet das Gehirn den Objekten also Muster zu, die weit über Bilder hinausgehen. Hier haben Objekte eine „Form", die sie in sehr große Zusammenhänge stellt. Die „Form", das Muster eines Objekts, ist eine Datenbank, die aus vielen Erlebnissen mit dem Objekt entstanden ist. Diese „Form" ist „leer", denn sie ist nicht absolut, sondern das Ergebnis einer Lebensgeschichte. „Leere ist Form, Form ist Leere", sagt der Buddha.

Jedes Muster und jeder Gedanke in der „großen Leere" unterliegt dem Kurzzeitgedächtnis, das sechs bis sieben Sekunden anhält. Es gibt ein Zeitgefühl in der großen Leere. Nach ungefähr drei Sekunden beginnt jeder Gedanke zu verblassen und zu verschwinden. Nach sechs bis sieben Sekunden bleibt nichts mehr davon, keine Erinnerung, was dieser Gedanke einmal war und welchen Inhalt er hatte. Er ist vollständig vergessen, als hätte er niemals existiert.

Aufmerksamkeit verhindert das Vergessen, wenn ein Gedanke oder ein Teil davon interessant erscheint. Diese Aufmerksamkeit ist ein bewusster Prozess, den der Meditierende als bewusste Person in der großen Leere erlebt und steuert. Er muss seine Konzentration auf den Gedanken richten, ihn ganz oder teilweise ins Bewusstsein heben und verhindert damit seine Auslöschung im Kurzzeitgedächtnis. Vorher erscheint der Inhalt der Muster etwas nebulös, wie eine knappe Zusammenfassung, die eher mit einem Gefühl von Inhalt vergleichbar ist.

Den Gedanken dann zu stabilisieren, erfordert ein erhebliches Maß an Konzentration, es gibt es in der großen Leere nämlich immer mehrere Gedanken gleichzeitig, die zur Bewertung anstehen. Der Meditierende muss also auch in der großen Leere seine Gedanken beruhigen lernen. In

Spitzenzeiten habe ich während der Meditation sechs Gedanken mit ganz verschiedenen Inhalten gezählt. Diese Datenflut zu bewältigen, ist extrem anstrengend, wie ein gleichzeitiges konzentriertes Gespräch mit sechs verschiedenen Menschen, die alle über verschiedene Themen reden, dabei Tätigkeiten ausüben und Gefühle äußern. Interessant ist, dass sich diese Zahlen mit den Erkenntnissen der Forschung decken. Man hat herausgefunden, dass ein Mensch sechs bis sieben Gedanken gleichzeitig verfolgen, also entsprechend viele Dinge gleichzeitig tun kann. Allerdings gilt diese Zahl für Tätigkeiten, die keine allzu große Aufmerksamkeit verlangen. Wenn Gedanken komplizierter werden, erlauben sie nicht allzu viele andere Gedanken neben sich. Deshalb können Menschen selten telefonieren, während sie gleichzeitig ein Buch lesen und sie sollten dabei auch kein Auto fahren.

Die Gedanken kommen in der großen Leere als Block mit sämtlichen Ergebnissen. Dabei wirken einzelne Teile „stärker" oder „deutlicher", wenn sie offenbar sicherer oder wichtiger als andere Teile sind. Ebenso kann ein Gedanke auch als Block in den Raum der Leere geschickt werden, jedenfalls empfinde ich das so in der Meditation. Dadurch beginnt ein neuer Denkprozess, der einige Sekunden dauern kann. Diese Denkprozesse sind in der Ferne spürbar, brauchen aber keine bewusste Aufmerksamkeit, bis das Ergebnis kommt. Das Ergebnis erscheint wieder als Block, kann betrachtet oder erneut zurückgeschickt und damit wieder neu durchdacht werden. Auf diese Weise wird ein Gedanke mehrfach verarbeitet und kommt mit einem neuen Ergebnis zurück. Woraus dieser Gedanke besteht, ist dabei nebensächlich. Es kann sich um komplette Muster handeln, Teile davon oder nur um einzelne Bilder oder Handlungsanweisungen für den Körper.

Auch eine Palette von Gefühlen kann als „Aufgabe" zum „Verdenken" abgeschickt werden und liefert ein Ergebnis. Das können neue Gefühle sein, aber auch Bilder oder Szenen aus der Erinnerung. Gefühle erscheinen in der großen Leere ohne tatsächliches Gefühl, nur als die Möglichkeit eines Gefühls, und sind sprachlich schwer zu beschreiben. Gefühle sind Gegenstand einer nüchternen Betrachtung im Sinne von „was wäre, wenn dieses Gefühl zugelassen würde". Die große Leere selbst bleibt dabei völlig frei von empfundenen Gefühlen. Gefühle werden in der großen Leere auf dieselbe Weise wie alle anderen Gedanken behandelt: Sie liegen zur Auswahl vor und werden entweder zugelassen oder nicht. Sie werden dabei nicht unterdrückt, sondern ausgewertet, auf Brauchbarkeit geprüft und bringen Erwartungen hervor. „Tisch" verbindet sich zum Beispiel häufig mit „Essen", denn am Tisch wird auch gegessen. Wer allerdings seine Steuererklärung am Tisch erledigen will, kann die Gefühle, die normalerweise mit dem Esstisch verbunden sind, zunächst einmal nicht brauchen. Sie werden nicht zugelassen und deshalb nicht erlebt. Allerdings werden diese Gefühle in der großen Leere durchdacht, mit „Steuererklärung" verknüpft und erneut bewertet. Das Ergebnis könnte sein, dass die Steuererklärung angenehmer wird, wenn eine Tasse Kaffee oder Kekse sie versüßen. So entstehen in der großen Leere neue und kreative Gedanken. Die dazu passenden Gefühle werden möglicherweise zugelassen und stoßen damit wieder Handlungen an.

Die Muster aus der Erinnerung enthalten auch Körpermodelle. Wenn zum Beispiel das Muster „Tisch" erscheint, verbindet sich damit auch eine „Gebrauchsanweisung" für den Körper. Das Sitzen am Tisch, aber auch mögliche Gefahrenpunkte für den Körper sind ein fester Teil des Musters. Genauso ist darin enthalten, wie sich ein Tisch vor allem mit den Händen und den Beinen anfühlt. Sich darauf in der Meditation zu konzentrieren, sorgt für ein Gefühl, als würden die Hände einen Tisch tatsächlich berühren, in seinen verschiedenen Extremen, entsprechend der Rauhigkeit oder Kantigkeit der Tischplatte. Auch der Druck der Tischplatte in den Bauch ist vorhanden, mit den dafür notwendigen Bewegungen des Körpers nach vorn.

Allerdings werden diese Empfindungen in der großen Leere nicht wirklich mit den Händen oder dem Bauch wahrgenommen. Der tatsächliche Körper wird in der großen Leere nicht empfunden, die Sinne liefern kein bewusstes Signal, denn die Sinnestätigkeit ist in dieser Stufe der Meditation erloschen. In der großen Leere „weiß" das Bewusstsein einfach und muss das Woher und Warum nicht hinterfragen. Es befindet sich in seinem eigenen Gedächtnis und seinen eigenen Gedanken, einer völlig virtuellen Welt ohne Einfluss von äußeren Wahrnehmungen.

Das „ich weiß" entsteht in der großen Leere nicht in Worten oder Einzelheiten. Ganz entsprechend der Blockverarbeitung von Gedanken mit ihrem ganzen Inhalt „weiß" das Bewusstsein auch ganze Blöcke im Zusammenhang. Einen Tisch „zu wissen" ist in der großen Leere etwas völlig anderes als einen Tisch mit den Sinnen zu erleben oder ihn mit Worten zu beschreiben. In der großen Leere verknüpfen sich mit dem Muster „Tisch" auch zahlreiche Erlebnisse an Tischen, zum Beispiel die Erinnerung an die lange verstorbene Großmutter, die immer mit den Kindern am Tisch gesessen und Märchen vorgelesen hat. Diese „Querverweise" sind sehr wichtig, denn sie bringen Gefühle und neue Handlungen hervor. Deshalb setzt man sich vielleicht besonders gerne an den Tisch zum Lesen, auch wenn man dabei nicht konkret an die Großmutter denkt. In der großen Leere werden diese Zusammenhänge bewusst und sichtbar. Einen Tisch „zu wissen" ist deshalb weitaus mehr als eine Holzplatte mit vier Beinen zu erleben.

Bilder sind in der Gedankenwelt der großen Leere keine Fotografien. Sie kommen in grundsätzlichen Bestandteilen, die auch einzeln wieder „verdacht" werden können. Diese Bestandteile erinnern mich an Techniken, wie ich sie aus der Bildverarbeitung mit Computern kenne. Der Grundbaustein eines Bildes besteht nur aus einem tiefen Schwarz, in dem Objekte extrem vereinfacht mit einem blendend hellen Licht dargestellt sind. Will man diese Bilder konkret beschreiben, versagen allerdings die Worte. Tatsächlich „sieht" der Betrachter in der großen Leere nichts, sondern er „weiß" welches Bild diesem Teil des Gedankens entspräche. Das helle Licht bildet Skelette von Objekten ab, also ganz grundsätzliche Formen, Kanten und Richtungen. In einem anderen Teil des Musters steckt die Information über das Flächenhafte dieser Formen. Dann folgt die Farbverteilung, aber nicht wie eine Deckschablone für eine Fotografie, vielmehr ergibt sich die Farbverteilung im Bild eher aus dem Gefühl für die Wahrscheinlichkeiten, mit denen ganz bestimmte Farben in den verschiedenen Teilen des Bildes auftauchen sollten.

Der Beobachter kann nun „wissen", dass er die verschiedenen Komponenten des Bildes einzeln oder insgesamt zusammenführen will. Es ist wie ein „Zulassen", wenn sich die verschiedenen Teile zu einem realen Bild zusammensetzen sollen. Wieder wird dieses Bild nicht wie mit den Augen gesehen, sondern lebendig „gewusst". Diese Bilder sind dreidimensional, der Meditierende kann eintauchen wie in ein Theaterstück auf einer Bühne. Dabei können auch mehrere Bilder gleichzeitig erscheinen. Muster zeigen häufig die Extreme, zwischen denen sich die Vorstellungen von bestimmten Objekten bewegen. Auf diese Weise können fortgeschrittene Meditierende die Welt ihrer Erwartungen sehr real erleben und erkunden.

Die Schilderungen aus der großen Leere erscheinen kompliziert. Tatsächlich sind die Eindrücke sogar weitaus komplizierter und ihre Menge ist gewaltig. Erschwerend kommt hinzu, dass jeweils nur Sekunden zur Verfügung stehen, bevor alles ins Vergessen versinkt. Trotzdem gelingt die bewusste Verarbeitung, wenn der meditierende Beobachter sein sprachliches Denken dabei völlig aufgibt. Er kann große Gedankenblöcke „wissen", in Sekunden verarbeiten, im Bewusstsein halten und daraus neue Gedanken und stabile Erinnerungen machen. Diese Erinnerungen bleiben dem Meditierenden auch nach dem Ende der Übung erhalten.

Damit die Schilderung konkreter wird, möchte ich berichten, was ich in der großen Leere zum Muster „Wiese" erlebt habe. Ich „wusste" dabei, dass ich eine Wiese meine, wie sie mit Gras und Pflanzen in der Natur entsteht. Entsprechend war das Ergebnis des Gedankens. Zwei Muster zeigten die Extreme, zwischen denen sich meine Vorstellung aller Wiesen offenbar bewegt. Es handelt sich auf der einen Seite um eine nährstoffarme Magerwiese mit einem reichen Bestand an unterschiedlichen Pflanzen, Schmetterlingen und anderen Insekten. Dieses Muster ist 1977 entstanden, auf einer Wiese nördlich von Bad Hersfeld in Hessen. Ich erinnere mich an den Sommertag und die Begeisterung, die ich beim Anblick dieser blühenden Wiese empfand. Das zweite Muster stammt von einer Weide für Kühe, die ich 1988 nördlich von Waldshut im südlichen Schwarzwald gesehen habe. Sie stand in sattem Grün, ein großer Futtertrog für Tiere, zu denen ich eine herzliche Beziehung habe.

Rund zwei Drittel der „Datenmenge" beider Muster besteht aus den Gefühlen, die auf Wiesen für mich zu erwarten sind. Dieser Teil ist naturgemäß am schwierigsten mit Worten zu beschreiben. Die Magerwiese ist mit Gefühlen von Gelöstheit, Staunen, Sorglosigkeit und Neugier besetzt. Dazu kommt eine Abneigung gegen schnelle Körperbewegungen und ein Gefühl von Gefahr, die von unten kommen kann. Es scheint ein Schild „Betreten verboten" in diesen Gefühlen zu geben. Tatsächlich ertappe ich mich auf solchen Wiesen immer wieder mit Aufmerksamkeit für stechende Insekten, vor allem Bienen und Hummeln und einem regelrechten Block gegen das Betreten und Beschädigen der Pflanzen. Die Weide dagegen ist verbunden mit Gefühlen von Weite, Unternehmungslust, Geborgenheit und Sicherheit. Dazu kommt eine gewisse Furcht vor Stürzen und Verletzungen.

Das Körpermodell für beide Muster ist eine echte Gebrauchsanleitung, wie sich mein Körper auf solchen Wiesen bewegen soll. Diese Einsicht war für mich verblüffend, denn sie war mir vorher als Verhalten nie bewusst. Auf der Magerwiese bleiben meine Füße beim Gehen flach am Boden. Die Fußspitze zerteilt dabei das Gras. Ich erwarte auf solchen Wiesen einen festen und flachen Untergrund. Ich gehe aufrecht und meine Gelenke erwarten keine allzu großen Spannungen oder Verformungen. Außerdem kennt mein Gehirn in seinem Körpermodell auch ein häufiges und kurzes Schlagen von hinten gegen meine Waden. Dabei gibt es einen Warnhinweis. Das Schlagen darf beim Gehen nicht abreißen, sonst besteht Gefahr. Das ist nachvollziehbar, denn solche Wiesen werden allenfalls zweimal jährlich gemäht, Gras und Pflanzen stehen deshalb ziemlich hoch. Beim Gehen biegen sich die Pflanzen um die Beine und schlagen von hinten gegen die Waden. Bei zu schnellem Gehen können sie sich als Fallstrick um die Beine wickeln.

Auf der Weide hebe ich die Beine dagegen deutlich an, mache kurze Schritte und stelle die Füße fast senkrecht auf den Boden. Dabei bewege ich mich leicht gebeugt. In den Gelenken sind größere Spannungen und Verformungen zu erwarten. Besonders in den Fuß- und Kniegelenken können die Spannungen kritisch werden. Hier gibt es einen Warnhinweis, also eine Anweisung, dass diese Gelenke Aufmerksamkeit beanspruchen. Ich erwarte auf einer Weide einen weichen Untergrund mit vielen Buckeln und Vertiefungen. Das entspricht der Natur einer Weide, denn Kühe treten Löcher in den Boden und das Gras wächst gerne in Stauden. Es ist ratsam, solche Weiden mit einem Sinn für Überraschungen zu betreten.

In der Meditation kann ich das Körpermodell visualisieren und „virtuell" über eine Wiese gehen. Die Verformung der Gelenke und die Erwartung von Spannungen in den Muskeln und Gelenken spielen dabei eine große Rolle. Das Gehirn weiß, welche Verformungen zu erwarten sind und welche gefahrlos für den Körper bleiben. Sobald ich aber an die Grenzwerte komme, die ich wie eine Hülle um den Körper spüre, richtet sich sofort Aufmerksamkeit auf diese Teile und ich erlebe wie mein Oberkörper gegensteuert, um das Gleichgewicht zu halten. Ich denke, hier hat das Gehirn ein Feld von Sollwerten zur Verfügung, in deren Grenzen das Gehen gefahrlos möglich ist. Innerhalb dieser Sollwerte kann sich die Aufmerksamkeit auf andere Themen richten, zum Beispiel auf ein Gespräch oder die Landschaft. Sobald die Sollwerte allerdings erreicht werden, besteht die Gefahr einer Verletzung oder eines Sturzes. Dann wird die Aufmerksamkeit umgeschaltet und auf die kritischen Teile des Körpers gerichtet.

Die Erwartungen und die „Sollwert-Tabelle" im Körpermodell bestimmen also, wie beruhigt ich gehen kann und wie stark ich mich dabei auf den Weg konzentrieren muss. Diese Bewegungen haben wenig mit der Wirklichkeit zu tun, mit dem tatsächlichen Untergrund, über den ich gerade gehe. Sie stammen aus Mustern, die das Gehirn im Lauf meines Lebens abgelegt hat. Ich verstehe deshalb, warum ich mit Besuchern aus der Großstadt meistens kein langes Gespräch führen kann, wenn wir querfeldein wandern. Sie sind dann immer wieder abgelenkt und müssen sich auf ihre Schritte konzentrieren. Ihr Körpermodell ist vermutlich enger gefasst, hat weniger Erfahrung auf solchen Wegen und schlägt deshalb häufiger Alarm.

Die Muster-Bilder meiner Wiesen sind keine Fotografien. Wieder handelt es sich eher um Gebrauchsanweisungen. Zur Magerwiese erwarte ich vor allem aufrecht stehende Linien. Die Farbverteilung ist deutlich, vor allem rote und gelbe Farben sind nur oben zu erwarten. Auf der Weide sind „oben und unten" schlechter unterschieden. Vor allem gelbe und weiße Farben können überall zwischen Grün auftauchen. Dahinter steht natürlich der Bewuchs. Auf der Magerwiese gibt es zahlreiche unterschiedliche Wiesenblumen, die an langen Stielen blühen. Auf der kräftig gedüngten Weide steht vor allem Löwenzahn mit seinen kräftig gelben Blüten, der kaum höher steht als das Gras.

Das gewohnte sprachliche Denken ist auch in der großen Leere wie aus weiter Ferne hörbar, wenn es sich in seltenen Fällen einschaltet. Aus meinem Muster „Wiese" macht es nur einen kurzen Satz: „Das ist eine Wiese." In diesen kurzen Worten fasst das Gehirn also eine Welt zusammen, die sogar mit vielen Worten nur unvollständig zu beschreiben ist. Der Satz „Das ist eine Wiese" entsteht etwa eine Sekunde nachdem das Muster in der großen Leere durch Aufmerksamkeit stabil geworden ist, also nicht mehr im Kurzzeitgedächtnis verschwindet.

Entscheidend ist, dass ähnliche Muster wie für „Wiese" für alle Lebensbereiche existieren. Sie sind Erwartungen, mit der Anleitung für den Körper, für die Wahrnehmung und vor allem mit den erwarteten Gefühlen. Das Gehirn hat damit eine umfassende Tabelle zur Verfügung, die es nur abrufen muss. Es kann ohne Bewusstsein den aktuellen Zustand des Körpers und die eingehenden Signale der Sinne vergleichen und auf dieser Grundlage entscheiden, wann Aufmerksamkeit und „Bewusstsein" nötig sind. Bis dahin kann sich das Bewusstsein mit anderen Aufgaben befassen. Jeder Mensch ist einmal Auto gefahren oder irgendwohin gegangen und kann sich an den Weg nicht mehr erinnern. Plötzlich wacht das Bewusstsein auf und hat scheinbar keine Erinnerung an den zurückgelegten Weg. Dann hat das Gehirn offenbar erlebt, was es aus seinen Mustern ohnehin schon wusste, die knappe Ressource „Aufmerksamkeit" war dafür nicht nötig und konnte sich auf andere Dinge richten.

Das sprachliche Denken

Sprache scheint eine Kette von Signalen zu sein, die eine Nachricht übermitteln. Ein Wort hat einen Inhalt, ist aber trotzdem nicht vergleichbar mit zum Beispiel einem Verkehrszeichen. Ein Zeichen hat eine klare Bedeutung, Worte haben keine wirklich feste Bedeutung. Zum Beispiel ist eine „Straße" nicht nur für Verkehr gedacht. Ameisen haben sogar unsichtbare Straßen und auf der „Straße zum Erfolg" fährt nicht ein einziges Fahrzeug. Trotzdem ist die Bedeutung klar. Worte stehen für Muster, ganz ähnlich wie die Muster einer Wiese im vorangegangenen Kapitel. Jedes Wort ruft die entsprechenden Muster ab und damit auch die komplette Welt von Erfahrungen, Bildern und

Gefühlen. Deshalb können Worte uns bewegen, begeistern oder erschüttern, Worte können auch berühren oder mitreißen.

Mit der Entdeckung der „Theory of Mind" rückt Sprache auch für die Wissenschaft in ein neues Licht. Im Grunde funktioniert Sprache nur mit der „Theory of Mind". Worte wecken im Gehirn des Zuhörers bestimmte Muster, die unbewusst ausgewertet werden. Die Voraussetzung dabei ist, dass Sprecher und Zuhörer ähnliche Muster besitzen und sich auf diese Weise „verstehen". Aber das hat seine Grenzen, schließlich hat jeder Mensch eine eigene Lebensgeschichte und seine eigenen Muster aus der Welt im Kopf. Das Gehirn des Zuhörers greift auf seine Muster zurück und muss gleichzeitig prüfen, ob der Sprecher auch diese Muster meint. Der Zuhörer muss also eine Vorstellung haben, was den Sprecher bewegt und welche Absichten er hat. Er muss eine „Theory of Mind" entwickeln. So hat ein fanatischer Atomkraftgegner zu einem „strahlenden Lächeln" vielleicht eine ganz andere Beziehung als der Durchschnitt der Bevölkerung.

Auch Sprache wird nur so verstanden, wie es die eigenen Erwartungen zulassen. Gegen solche Erwartungen versagen manchmal sogar die deutlichsten Worte. Der Gesprächspartner hört „nur noch, was er will", was seine Simulation der Wirklichkeit erwartet. Das kann sogar das genaue Gegenteil von dem sein, was tatsächlich gesagt wurde. So regt sich jemand plötzlich auf und beginnt zu schimpfen, obwohl der andere ganz sicher etwas völlig anderes gesagt hat oder es ganz anders meint. Die Erwartungen können aber auch sehr nützlich sein. „Gib mir mal das Dings", lässt mich zum Hammer greifen, weil wir gerade einen Nagel in die Wand schlagen wollen. Ich erwarte einfach, dass mein Kollege einen Hammer braucht.

Meditierende haben eine Chance, andere Menschen besser zu verstehen und ihnen Dinge auch besser zu erklären. Schon ganz am Anfang lernt der Meditierende, seine sprachlichen Gedanken in Gleichmut vergehen zu lassen. Irgendwann erlischt das sprachliche Denken und macht der Welt des intuitiven Denkens Platz. Die Welt der Sprache und der Intuition sind normalerweise in unserem Bewusstsein getrennt. Sprache und sprachliches Denken sind sehr laut und übertönen die „Stimme aus dem Bauch". Manche Verkäufer wissen das, reden deshalb viel und bringen ständig neue Gedanken auf den Tisch. Eine komplizierte Kaufentscheidung entsteht am besten mit dem intuitiven Denken, eine Flut von Worten lärmt dieses Denken mit einer Flut von angestoßenen Mustern zu.

Im meditierenden Menschen rücken die Bereiche des sprachlichen und des intuitiven Denkens mit der Zeit immer näher zusammen. Das intuitive Denken bekommt eine lautere Stimme gegenüber dem sprachlichen Denken. Damit werden auch die Gefühle und Muster spürbarer, die gesprochene Worte im Gehirn anstoßen. Deshalb wirken erfahrene Meditierende im Gespräch mit anderen Menschen ruhiger. Das meditierende Gehirn verarbeitet vor allem negative Gefühle intensiver und wird deshalb nicht mehr allzu leicht von solchen Gefühlen mitgerissen. Zusätzlich ist die „Theory of Mind" aus dem intuitiven Denken lauter hörbar, die vor allem aus der Körpersprache oder dem Klang der Stimme entsteht. Meditierende entwickeln deshalb ein starkes Gefühl für den Zustand anderer Menschen und können entsprechend reagieren.

In der Meditation wird das sprachliche Denken beruhigt und verschwindet schließlich ganz. Der Meditierende verzichtet auf das sprachliche Denken, genauso wie ein kluger Kunde einen geschwätzigen Verkäufer unterbricht. Er will zu seinen eigentlichen Gedanken finden. Nur so wird die Stimme aus dem intuitiven Denken und schließlich aus der großen Leere hörbar. Mit dem Fortschritt der Meditation wird dieses Denken auch im Alltag immer deutlicher erlebbar, es wird sichtbar und schließlich bewusst. Der Meditierende ist damit nicht mehr länger Werkzeug seiner unbewussten Muster. Er hat sein eigentliches Denken erschlossen und muss sich nicht mehr mit der Kurzfassung im sprachlichen Denken und mit unsicheren Gefühlen „aus dem Bauch" zufrieden geben.

Gibt es einen freien Willen?

Benjamin Libet hat 1978 ein Experiment veröffentlicht und damit heftige Diskussionen ausgelöst. Die Versuchspersonen sollten zwei Punkte betrachten, sich dann nach ihrem eigenen Willen für den linken oder rechten Punkt entscheiden und entsprechend einen Knopf mit der linken oder der rechten Hand drücken. Unterdessen registrierte Benjamin Libet die elektrischen Ströme aus dem Gehirn mit einem EEG. Es zeigte sich, dass ungefähr eine Sekunde vor der bewusst erlebten Entscheidung typische Hirnströme auftraten, aus denen sich das Handeln der Versuchspersonen vorhersagen ließ. Das EEG lieferte also die Entscheidung rund eine Sekunde früher als sie der Versuchsperson tatsächlich bewusst wurde.

Die Schlussfolgerung aus diesem Experiment löste einen Sturm von Diskussionen und weiteren Forschungsaktivitäten aus. Bewusste Entscheidungen erschienen als reiner Selbstbetrug. Das Bewusstsein schien gerade einmal eine kurze Mitteilung zu erhalten über Entscheidungen, die unbewusst schon längst gefallen waren. Bis heute, also mehr als 30 Jahre lang, haben Forscher das Experiment von

Benjamin Libet wiederholt. Sie haben neue Versuchsbe-
dingungen getestet, ausgefeilte und moderne Technik eingesetzt und 30 Jahre lang das gleiche Ergebnis erhalten:
Bewusste und „freie" Entscheidungen sind scheinbar eine
Illusion. Was bewusst erscheint, ist im unbewussten Gehirn schon längst entschieden. Libet (2007) sieht trotzdem
Raum für einen freien Willen: Der Mensch könne eine unbewusste Entscheidung widerrufen und sie nicht ausführen,
wenn Pläne des Unbewussten sich nicht mit Werten und
Prinzipien eines Menschen decken. Der Mensch wäre also
frei, etwas nicht zu tun, was sein unbewusstes Denken in
die Wege leitet.

Interessante Parallelen zur Erfahrung aus der „großen
Leere" haben Chun et al. (2008) von der Technischen Uni-
versität Berlin gefunden. Sie haben Aktivierungsmuster im
Gehirn mittels funktioneller Kernspin-Tomographie (fNMR)
gemessen und konnten auf diese Weise den Entscheidungs-
prozess im Gehirn nachverfolgen und abbilden. Im nächsten
Schritt wertete die Arbeitsgruppe diese Messungen mit einer
Software zur Mustererkennung aus und traf Vorhersagen
über die Entscheidung der Versuchsperson. Ungefähr zehn
Sekunden vor einer bewussten Entscheidung tauchten erste
Signale auf, die eine Entscheidung ankündigen. Sieben Sekunden vor der bewusst gefühlten Entscheidung ließ sich die
tatsächliche Entscheidung mit der Software gut vorhersagen.
Danach sinkt die Qualität der Vorhersagen etwas ab. Sie
steigt zu dem Zeitpunkt wieder an, zu dem die Versuchspersonen glauben, dass sie sich bewusst entscheiden. Die Vorhersagen lassen sich aus Aktivierungsmustern im Brodmann
Areal 10 (BA 10) des Gehirns ableiten. Dieses Gebiet wird
auch frontopolarer Kortex genannt und umfasst Teile des
präfrontalen und des orbitofrontalen Kortex. Genau dieser
Bereich ist bei Meditierenden besonders aktiv.

Die bisher bekannten Funktionen des präfrontalen Kortex und des orbitofrontalen Kortex fasst Gerhard Roth (2003) zusammen. Demnach liegen die Aufgaben des präfrontalen Kortex im Abruf von Erinnerungen, der Handlungsplanung, der Verarbeitung von Gefühlen und dem Treffen von Entscheidungen. Ihm steht ein Arbeitsgedächtnis zur Verfügung, das Gedanken einige Sekunden halten kann. Der orbitofrontale Kortex ist, vereinfacht gesagt, ein wichtiger Sitz für das „Gewissen" eines Menschen. Hier liegen viele Fähigkeiten, die Gefühle und den Ausdruck von Gefühlen bei anderen Menschen erkennen. Im orbitofrontalen Kortex wird das Risiko einer Handlung bewertet, mit Werten und Moralvorstellungen abgeglichen, und damit auch Triebe und Instinkte kontrolliert.

In der Meditation verhält sich das Gehirn in Übereinstimmung mit der Forschung. Vor allem die Erlebnisse in der „großen Leere" decken sich mit der Forschung zur Entscheidungsfindung und den Funktionen der Gehirnareale. Britta Hölzel et al. (2007a) fanden bei Meditierenden eine starke Aktivierung im mittleren (medialen) frontalen Kortex und im anterioren cingulären Kortex (ACC). Der ACC ist eine wichtige Schnittstelle für die Verarbeitung von Gefühlen, Ängsten und Schmerzen im sogenannten limbischen System. Der ACC erkennt und verarbeitet auch Fehler, die bei Handlungen aufgetreten sind, und Erwartungen von Erfolg und Misserfolg bei der Handlungsplanung. Er steht dabei in „Zusammenarbeit" mit dem präfrontalen und dem orbitofrontalen Kortex und bekommt Signale von den „tieferen" Gefühlszentren, zum Beispiel aus dem Mandelkern, der Amygdala (Roth 2003).

Die Meditation aktiviert also Bereiche im Gehirn, die ganz allgemein Erinnerungen auswerten, Handlungen planen, Entscheidungen treffen, ihr Risiko bewerten und sie mit sozialen und moralischen Wertvorstellungen abgleichen. Die entsprechenden Gebiete arbeiten normalerweise ohne bewusste Kontrolle. Das Bewusstsein wird erst eingeschaltet, wenn der größte Teil der „Denkarbeit" schon abgeschlossen ist. Es hat die Rolle einer letzten „Kontrollinstanz", ähnlich wie die Qualitätsprüfung von Produkten in der Industrie. Es entscheidet: „fehlerhaft, darf nicht ausgeliefert werden" oder „das kann verkauft werden". Der Qualitätsprüfer muss nicht wissen, wie die Produkte hergestellt werden oder woher die Rohstoffe kommen. Er ist verantwortlich für den Kunden, der ein fehlerfreies Produkt erwartet und bekommen soll. Er meldet gefundene Fehler in die Produktion, damit dort Verbesserungen möglich sind. Selbstverständlich könnte jemand, der die Produktion beobachtet, Vorhersagen über das entstehende Produkt machen, noch bevor es fertig ist. Entscheidend ist aber das fertige Produkt, das der Qualitätsprüfer am Ende in den Müllcontainer wirft oder für den Verkauf freigibt. Genau diese Rolle nimmt das Bewusstsein für das Handeln eines Menschen ein. Deshalb haben Menschen einen freien Willen und sind auch für ihre Handlungen verantwortlich. Es ist nebensächlich, was in der unbewussten Produktion der Handlungen geschieht und ob das Ergebnis sich dabei schon abzeichnet. Genauso kann jeder ein Auto in der Produktion erkennen, auch wenn Sitze, Motor und Räder noch nicht eingebaut sind, aber niemand würde solch ein Auto kaufen.

Meditation öffnet die unbewussten Abläufe im Gehirn für das Bewusstsein. Sie erschließen sich im persönlichen Erleben, indem sie als Ursachen für Gefühle, Entscheidungen oder Gedanken bewusst werden. Die „Theory of Mind" wird sichtbar. Gedanken im Sinne von Wertvorstellungen und Erwartungen tauchen im Bewusstsein bereits auf, bevor sie in Sprache gefasst und zu sprachlichen Gedanken werden. Der Meditierende erhält Zugriff auf die Produktion seiner Handlungen. Sein Vorteil ist, dass er nicht allein als Qualitätsprüfer in Erscheinung tritt, sondern schon als Ingenieur Einfluss auf das Produkt hat. Meditation erweitert somit den freien Willen und deshalb sprechen die Meister seit langer Zeit von der Befreiung des Menschen durch Meditation.

In der großen Leere erscheinen sprachliche Gedanken ungefähr eine Sekunde nachdem ein Gedanke oder Muster durch Aufmerksamkeit stabil geworden ist. Das heißt: Sobald Gedanken oder Muster sich als wichtig erweisen, sie deshalb nicht im Kurzzeitgedächtnis verschwinden, entstehen eine Sekunde später die Worte im sprachlichen Denken. Diese Sekunde entspricht der Zeit, die Benjamin Libet von der Entscheidung bis zu ihrem Auftauchen im Bewusstsein gemessen hat.

Chun et al. (2008) können Entscheidungen bis zu zehn Sekunden vor dem bewussten Erleben ihrer Versuchspersonen mit guter Wahrscheinlichkeit vorhersagen. Das entspricht ebenfalls den Erfahrungen aus der „großen Leere". Bis zu sieben Sekunden kann das Arbeitsgedächtnis dort einen Gedanken halten, bevor er endgültig verschwunden ist. Das Verschwinden beginnt ungefähr nach drei Sekunden. Dieses Arbeitsgedächtnis oder Kurzzeitgedächtnis ist der Wissenschaft bekannt. Eine Entscheidung entsteht aber in der großen Leere nicht immer schon mit dem Auftauchen eines Musters oder eines Gedankens, häufig ist ein neuer „Denkschritt" nötig, der aus der Datenflut von Mustern die wesentlichen Teile herausfiltert und erneut bewertet. Dieser Schritt dauert nochmals wenige Sekunden. Interessant ist auch, dass die Vorhersagen aus den Aktivierungsmustern des Gehirns rund sieben Sekunden vor der bewussten Entscheidung besonders zuverlässig sind und danach wieder etwas schlechter werden. Hier wird offenbar beobachtet, ob in der großen Leere ein Muster akzeptiert oder noch einmal in die Verarbeitung geschickt wird.

In der großen Leere erlebt der Meditierende das sprachliche Denken nicht als das eigentliche Denken, sondern als Vorbereitung von Kommunikation mit anderen Menschen. Aus einem Muster entsteht ein gedachter sprachlicher Satz (z. B. „Das ist eine Wiese" im Kapitel „Die große Leere", S. 88), etwa eine Sekunde nachdem ein Gedanke vor dem Verschwinden im Kurzzeitgedächtnis durch Aufmerksamkeit stabilisiert wurde. Diese Sekunde entspricht den Ergebnissen von Libet, also der Zeitverzögerung, mit der das Bewusstsein getroffene Entscheidungen „zur Kenntnis" bekommt. Es ist demnach durchaus möglich, dass der „freie Wille" an der falschen Stelle gesucht wurde. Er existiert schon *vor* dem scheinbar bewussten Erleben und zwar vor den Worten. Die zusätzliche Sekunde aus Libets Experiment ist die Zeit, in der ein sprachlicher Gedanke entsteht, um die Entscheidung anderen Menschen mitzuteilen.

Das sprachliche Denken ist nicht der Ort des eigentlichen Denkens und Entscheidens, sondern der Ort der Kommunikation mit sich selbst und mit anderen Menschen. Mit sich selbst, weil gedachte Worte in der großen Leere Denkprozesse anstoßen, Muster wachrufen und ihre Auswertung in die Wege leiten. Das Ergebnis wird auf magere Weise wieder in Worten bewusst. Trotzdem spürt jeder Mensch, dass hinter den Worten sehr viel Inhalt steht. Die Worte können ausgesprochen werden und stoßen dann in anderen Menschen wieder Muster und Denkprozesse an. Das sprachliche Denken ist also nur eine Schnittstelle, die Kommunikation vorbereitet. Es erscheint besonders laut und „bewusst", weil mitgeteilte Gedanken eine weitere

Qualitätskontrolle brauchen, denn sie haben bei anderen Menschen Konsequenzen.

Das Denken vor dem sprachlichen Denken ist ganz und gar nicht unbewusst. Es drückt sich in der „inneren Stimme" aus, in Gefühlen und Entscheidungen „aus dem Bauch heraus". Die „innere Stimme" ist leise und wird durch den Lärm der Worte, Reize und Gefühle übertönt. Je mehr von diesem Lärm ein Mensch für sich akzeptiert, desto weniger bewusste Kontrolle hat er über sich. Der Mensch entscheidet also selbst, ob er einen freien Willen haben will. Menschen sind deshalb keinesfalls der Knecht unbewusster Entscheidungen im Gehirn. Meditation erschließt die Bereiche vor dem sprachlichen Denken, macht sie lauter und spürbarer und öffnet sie schließlich dem bewussten Erleben. Also sind „Bewusstsein" und „freier Wille" sogar trainierbar.

Das vernetzte Gehirn

Warum ist der Mensch so eingerichtet, dass er sein tatsächliches Denken nur leise wahrnimmt und das sprachliche Denken, also die Vorbereitung von Kommunikation, für sein eigentliches Denken hält? Vielleicht liegt darin der grundlegende Unterschied zwischen Mensch und Tier, der große Wurf, den die Natur mit dem Menschen hervorgebracht hat. Die moderne Biologie hat erkannt, dass viele Unterschiede zwischen Mensch und Tier lediglich graduell sind, der Mensch ist nur höher entwickelt. Auch Tiere können die Wirklichkeit im Gehirn simulieren und Vorhersagen machen. Auch sie haben eine Persönlichkeit, sind von ihrer Lebensgeschichte geprägt, haben Gefühle und offenbar auch einen freien Willen, in den Grenzen ihrer Lebensbedürfnisse. Ein Löwe kann nicht einfach Vegetarier werden, hier ist sein freier Wille durch seine Natur begrenzt.

Die Kommunikation der Tiere läuft vor allem über ihre Körpersprache ab, vermutlich also über Empathie, die „Theory of Mind" und die Spiegelneuronen. Sie transportieren damit viel Information, sind aber darauf angewiesen, dass die Spiegelneuronen im Gehirn anderer Tiere sie verstehen. Die „Theory of Mind" muss in den anderen Tieren zwingend zu ganz ähnlichen Ergebnissen kommen. Sie haben kaum Möglichkeiten, vor allem wenig Sprache, um Missverständnisse zu vermeiden und zu korrigieren. Ihre Spiegelneuronen müssen also auch ein ähnliches Training oder eine ähnliche Lebensgeschichte durchlaufen haben. Hunde und Katzen sind dafür ein gutes Beispiel. Wenn sich Katzen direkt in die Augen schauen, dann signalisieren sie damit Angriffslust. Unter Hunden bedeutet der direkte Blick die Aufnahme von Kontakt. Entsprechend groß ist das „kulturelle Missverständnis" zwischen Hunden und Katzen, Feindschaft und Gewalt. Sie haben keine Möglichkeit, sich über ihre Gefühle zu verständigen und das Missverständnis zu beseitigen. Sobald aber Hunde und Katzen gemeinsam aufwachsen, können sie ihre Spiegelneuronen miteinander entwickeln, ihre „Theory of Mind" aufeinander abstimmen und sogar eine Tierfreundschaft begründen.

Der Mensch ist dagegen nicht auf eine gemeinsame Lebensgeschichte mit anderen Menschen angewiesen. Er kann mit Worten und Sprache die „Theory of Mind" eines anderen Menschen bewusst beeinflussen, und zwar jenseits von Zeit und Raum. Menschen können Geschichten erzählen, über Dinge reden, die nicht hier und jetzt geschehen. Jedes Wort stößt dabei ein Muster im Zuhörer an und lässt entsprechende Bilder und Gefühle entstehen, also auch eine „Theory of Mind". Wenn dabei Missverständnisse entstehen, dann folgt darauf normalerweise nicht der Angriff, sondern eine Frage: „Wie ist das gemeint?" Auf diese Weise können Menschen ihre „Theory of Mind" miteinander abgleichen. Menschen haben einen gewaltigen Vorteil Tieren gegenüber. Sie sind, wenn sie wollen, jederzeit mit anderen Menschen teamfähig, auch wenn diese Menschen völlig andere Lebensgeschichten haben. Sie müssen nur miteinander reden, ihre Unsicherheiten durch Fragen klären und können sich so „in den anderen hineinversetzen".

Wie das funktioniert, zeigt jeder Teamsport. Eine Mannschaft kann allein mithilfe der „Theory of Mind" komplizierte Spielzüge aufbauen und sich koordinieren. Die Spieler brauchen nur kurze Zurufe, wenn Unerwartetes geschieht. Ein gutes Team versteht sich „mit einem Blick", jeder weiß was der andere tun wird und sogar zu welchen Überraschungen er dabei fähig ist. Das braucht etwas Zeit, die Mannschaft muss „zusammenwachsen". Das sprachliche Denken ist dabei die Schnittstelle, über die sich ein Gehirn mit den anderen Gehirnen vernetzt. So entsteht ein kollektives Gedächtnis und eine gemeinsame „Theory of Mind". Menschen können in verschiedenen Teams sogar verschiedene Persönlichkeiten entwickeln, verschiedene Rollen einnehmen, wie Psychologen sagen. Deshalb kann der stille unscheinbare Kollege aus der Firma in seinem Sportverein den Vorsitz übernehmen, wichtige Entscheidungen treffen und dort ein erfolgreicher Chef sein. Diese Fähigkeit zum Rollenwechsel haben Tiere nicht.

Das sprachliche Denken ist so laut im Gehirn, weil Menschen für die Kommunikation mit anderen Menschen sogar ihr eigentliches Denken in den Hintergrund stellen können. Vernetzte Gehirne sind für den Menschen überlebenswichtig und die Grundlage für die meisten seiner Leistungen. Allerdings besteht die Gefahr, dass sich Menschen in ihren Netzwerken verlieren, ihr „Ich" und ihr „Selbst" an Rollen in verschiedenen Gruppen abgeben. Das kann sogar zu seelischen Erkrankungen führen. Meditierende entwickeln ein Bewusstsein für die eigene Persönlichkeit, indem sie das sprachliche Denken beruhigen, die tieferen Ebenen ihres Denkens erschließen und mehr in den Vordergrund rücken. Sie können deshalb leichter unterscheiden „das bin ich" und „das bin ich nicht". Diesen Vorgang der „Ich-Findung" und der Entwicklung einer „selbst-bewussten" und eigenständigen Persönlichkeit nennen Psychologen Individuation.

Gedanken über Individuation und die „Theory of Mind" beschäftigen die Meister der Meditation seit langer Zeit. Immer wieder geht es um die Wahrnehmung der Welt und die Frage „Wer bin ich, was ist Wirklichkeit und was ist Illusion?". Sie haben nur andere Begriffe benutzt als die moderne Wissenschaft. Ihre Art der Sprache kann häufig nur verstanden werden, wenn sich der Zuhörer von den Worten löst und hört, wie sie in ihm klingen. Was heute „Theory of Mind" oder „Spiegelneuronen" genannt wird, kannten die alten Meister genau. Den Beweis liefert das berühmte Gleichnis „Die Freude der Fische" von Dschuang Dsi (365–290 v. Chr.).

Dschuang Dsi ging einst mit Hui Dsi am Ufer eines Flusses spazieren. Dschuang Dsi sprach: „Wie lustig die Forellen aus dem Wasser herausspringen! Das ist die Freude der Fische." Hui Dsi sprach: „Ihr seid kein Fisch, wie wollt Ihr denn die Freude der Fische kennen?" Dschuang Dsi sprach: „Ihr seid nicht ich, wie könnt Ihr da wissen, dass ich die Freude der Fische nicht kenne?" Hui Dsi sprach: „Ich bin nicht Ihr, so kann ich Euch also nicht erkennen. Nun seid Ihr aber bestimmt kein Fisch, und so ist klar, dass Ihr nicht die Freude der Fische kennt." Dschuang Dsi sprach: „Bitte lasst uns zum

Ausgangspunkt zurückkehren! Ihr habt gesagt: Wie könnt Ihr denn die Freude der Fische erkennen? Dabei wusstet Ihr ganz gut, dass ich sie kenne, und fragtet mich dennoch. Ich erkenne die Freude der Fische aus meiner Freude beim Wandern am Fluss." (Dschuang Dsi, Buch XVII. 12)

Alte Weisheit – moderne Wissenschaft

Der Meditierende erlebt körperliche und geistige Phänomene, mit denen er umgehen lernen muss. Wer sich mit der Literatur zum Thema Meditation beschäftigt, begegnet der geheimnisvollen Kraft „Qi" oder „Kundalini". Dies sind die alten traditionellen Begriffe, die bereits vor Jahrhunderten geprägt wurden, heute wird oft von „Lebensenergie" gesprochen. Aber was ist diese Lebensenergie, die der modernen Forschung bisher entgangen sein soll?

In Asien gilt die Existenz einer solchen Energie als selbstverständlicher Teil der Naturprozesse, im westlichen Kulturkreis begegnet man hingegen einer fast „gläubigen" Ehrfurcht vor diesem Phänomen. Das ist vor allem darauf zurückzuführen, dass westliche Anhänger östlicher Weisheit häufig zu wenig über die Bedeutung der asiatischen Vokabeln wissen. So kennt die Traditionelle Chinesische Medizin (TCM) nicht ein „Qi", sondern eine Vielzahl von „Qi". Man spricht beispielsweise vom „Nähr-Qi", wenn es um die Nährstoffe geht, die aus Lebensmitteln stammen und dem Körper durch Verdauung zur Verfügung stehen. Traditionelle chinesische Ärzte erkennen einen Eiweißmangel und behandeln ihn mit Fisch. Bambus- und Sojasprossen werden seit Jahrhunderten benutzt, um Vitamin-C-Mangel bei Seefahrern und damit den gefürchteten Skorbut zu verhindern. Natürlich kannte man vor einigen Jahrhunderten weder Proteine noch Vitamin C; die heutigen Erkenntnisse aus der Biochemie lagen noch nicht vor. Die Ärzte beriefen sich auf Erfahrung und Beobachtungen und verpackten sie in bestimmte Begriffe, damit andere sie lernen konnten. Das „Qi des keimenden Bambus" hilft gegen Skorbut und das „Qi der Fische" gegen Eiweißmangel. Heute weiß man, dass die Wirkung dieser Lebensmittel auf die biochemische Rolle von Eiweißen und Vitamin C im Körper zurückzuführen ist. Dann wird es möglich, sich von der Erfahrung zu lösen und sogar Vitamintabletten herzustellen. Wenn die Wissenschaft zu den Wurzeln der Erfahrung dringt, schafft sie Freiheit und neue Möglichkeiten.

Buddhismus und Daoismus fordern wissenschaftliches und logisches Denken. Im Westen liegt der Reiz dieser Traditionen häufig in scheinbar esoterischen Erklärungen und dem Glauben an eine Welt „jenseits der Erfahrung". Wer aber die Schriften der asiatischen Meister liest, begegnet einer sehr realen Welt, vor allem dem realen Irrtum und Leid der Menschen. Hier gibt es ein fundamentales Missverständnis, das möglicherweise in dem in der westlichen Welt andersgearteten Verständnis von Religion begründet liegt.

Religion besteht in Europa vor allem im Praktizieren von Ritualen und dem Gehorsam gegenüber den Geboten und später aufgestellten Regeln von Glaubensführern. Die obersten Instanzen, also Gott und Jesus, stehen außerhalb jeden Zweifels. Die christliche Tradition hat ihre Wurzeln in Grundannahmen, die sich jeder naturwissenschaftlichen Erklärung entziehen. Sie lebt vom Glauben, denn Gott ist nicht durch Messungen beweisbar.

Buddhismus und Daoismus kennen solche religiösen Traditionen durchaus auch; es gibt Tempel, Gebete und Rituale. Allerdings gibt es einen großen Unterschied zum Christentum: Der religiöse Zweig ist für solche Menschen bestimmt, die in ihrer persönlichen Entwicklung noch nicht auf dem Weg zur Erleuchtung, zur absoluten Erfahrung sind. Buddha oder Laozi werden angebetet, auch vergöttlicht, und es gibt neben ihnen auch noch viele andere Götter. Trotzdem wissen diese Menschen, dass Buddha oder Laozi keine Götter sind, ihre menschliche Natur ist unbestritten. Erleuchtung hebt Menschen sogar über die Welt der Götter.

Sie entsteht durch Erkenntnis über die reale Welt und nicht durch Glauben. Götter sind in diesem Weltbild nicht erleuchtet und markieren deshalb nicht das höchste Ziel. Der Weg zur Erleuchtung führt durch die Welt der Menschen. Wenn jemand in seiner Entwicklung fortgeschritten ist und diesen Weg beschreitet, muss er auch die Welt der Religion und des Glaubens überwinden. Erleuchtung entsteht durch ein tiefes Verstehen der Zusammenhänge dieser Welt.

Das Christentum hat sich auf den religiösen Weg beschränkt. Tatsächlich gab es früher große Strömungen im Christentum, die einen Erleuchtungsweg kannten. Viele haben in Jesus einen Erleuchteten gesehen, einen Menschen, und seine göttliche Natur abgelehnt. Diese Strömungen fasst der Begriff Gnostizismus zusammen, ihre Anhänger heißen Gnostiker, vom altgriechischen Wort Gnosis für (Er-)Kenntnis.

Gnostizismus

Der Gnostizismus hat sich in frühchristlicher Zeit als „Erkenntnis- oder Erleuchtungspfad" entwickelt und hatte ähnlich viele Anhänger wie das „katholische" Christentum. Gnostiker sehen Gott nicht im „Schöpfer dieser Welt", denn Gott ist vollkommen und kann deshalb keine sterbliche und fehlerhafte Welt erschaffen haben. Die sterbliche Welt ist das Werk eines Abtrünnigen (Demiurgen, griech.: Handwerker), der dabei unsterbliche Seelen in sterblichen Körpern gefangen und verblendet hat. „Erleuchtung" erinnert an den Urzustand und führt zurück zum wahren Gott. Jesus gilt Gnostikern als erleuchteter Lehrer, Teil des dreieinigen (wahren) Gottes. Damit ist er vollkommen und unsterblich. Den Kreuztod Jesu, der tatsächlich erst vom

Konzil von Nicäa (325 n. Chr.) nach langem Streit zum Dogma erhoben wurde, lehnen deshalb viele Gnostiker ab. In der Folge wurden Gnostiker bis ins 18. Jahrhundert blutig verfolgt, der „Erkenntnispfad" im Christentum fast ausgerottet (s. Walker 1995).

Das religiöse Christentum hat Gnostiker bekämpft, vertrieben und vernichtet. Viele „Ketzer" auf den Scheiterhaufen waren Gnostiker, der Kreuzzug in den Jahren 1209–1229 gegen die gnostischen Katharer (Albigenser) in Südfrankreich kostete Zehntausende das Leben. So wurde der christliche „Erleuchtungspfad" fast ausgerottet und ist heute kaum noch im Bewusstsein der christlich geprägten Kulturen. Entsprechend „gläubig" begegnen Menschen aus dem Westen den asiatischen Traditionen. Sie übersehen allzu leicht ihre Kernaussage, dass Erkenntnis und Wissen zur Erleuchtung führen. In Buddhismus und Daoismus gibt es keine geheimnisvollen Kräfte, alles ist verstehbar, erklärbar und steht in einer weltlichen Kette von Ursache und Wirkung.

Aufmerksamkeit und Achtsamkeit

In der Kommunikation zwischen Wissenschaft und den meditierenden Traditionen können Missverständnisse entstehen. „Aufmerksamkeit" oder „Achtsamkeit" sind dafür ein gutes Beispiel. Achtsamkeit ist ein ganz zentraler Punkt in allen Praktiken der Meditation. Der Meditierende richtet seine Aufmerksamkeit meist auf eine bestimmte Atemtechnik, Vorgänge im Körper oder ein bestimmtes Wort (Mantra). Dabei werden die Gedanken beruhigt, der Körper entspannt, die Außenwelt ausgeblendet. Diese Art der Meditation heißt Achtsamkeitsmeditation, englisch „mindfulness meditation".

Die Schulung von Achtsamkeit bringt Leistungen hervor, die bis vor wenigen Jahren „unmöglich" schienen. Sie kann innerhalb von Wochen das Immunsystem messbar stärken und Stressreaktionen dämpfen (Davidson et al. 2003; Greeson 2009; Kabat-Zinn 2009), die Informationsverarbeitung im Gehirn grundlegend verändern (Brefczynski-Lewis et al. 2007) und scheinbar angeborene Reflexe auslöschen, zum Beispiel den Schreckreflex (Zeidler 2007). Elektrische Messungen zeigen außerdem, dass Meditierende ihre linken und rechten Hirnhälften synchronisieren können (Lutz et al. 2004; Ott 2000).

Besonders beeindruckend sind deutliche Verbesserungen der Leistungsfähigkeit des Gehirns. Ein verblüffendes Beispiel dafür ist der „attentional blink". Dieses Phänomen wurde erst von Raymond, Shapiro und Arnell (1992) entdeckt. Der „attentional blink" bedeutet, dass Menschen rund eine halbe Sekunde blind für neue Eindrücke sind, wenn sie gerade ein Bild verarbeiten und es bewerten müssen. Dabei erleben Menschen sich nicht als blind und sind trotzdem unfähig, etwas Neues aufzunehmen und zu erkennen. Die Experimente sind einfach: Versuchspersonen bekommen in schneller Folge Buchstaben auf einem Bildschirm vorgeführt. Dazwischen taucht irgendwann eine Zahl auf, die die Versuchspersonen entdecken sollen. In der Regel nehmen die Versuchspersonen die erste gezeigte Zahl wahr, folgt aber innerhalb einer halben Sekunde eine weitere Zahl, wird diese praktisch nie erkannt. Erscheint die zweite Zahl mehr als eine halbe Sekunde später als die erste, können Versuchspersonen sie wieder leicht entdecken. Diese halbe Sekunde schien für eine grundlegende Grenze in der Leistungsfähigkeit des menschlichen Gehirns zu stehen, wie ein „Naturgesetz" für die menschliche Wahrnehmung.

Der „attentional blink" ist manchmal auf gefährliche Weise real. Berühmt geworden ist ein Vorkommnis in Schweden. Eine Firma für Damenunterwäsche startete eine Werbekampagne auf großen Plakatwänden, in deren Mittelpunkt eine attraktive und nur leicht bekleidete Frau stand. In der Umgebung dieser Plakatwände nahm die Zahl der Verkehrsunfälle drastisch zu. Besonders Männer fuhren auf stehende Autos oder auf abbiegende Fahrzeuge auf. Sie hatten die Gefahrenpunkte einfach nicht gesehen. Es stellte sich heraus, dass die Unfälle innerhalb des „attentional blink" geschahen, also weniger als eine halbe Sekunde nachdem die Autofahrer die attraktive Dame auf den Werbetafeln gesehen hatten. Danach waren sie tatsächlich blind für eine neue Situation. Solche „Ablenkungen" kennt jeder Mensch aus seinem Alltag. Häufig ist es schwer und sogar unmöglich, sich auf etwas zu konzentrieren, wenn daneben scheinbar Wichtiges geschieht.

Heleen Slagter et al. (2007) untersuchten das Phänomen des „attentional blink" bei Meditierenden anhand des oben beschriebenen Experiments. Überraschenderweise zeigte sich, dass erfahrene Meditierende auch innerhalb der magischen halben Sekunde die zweite Zahl zwischen den Buchstaben ziemlich sicher finden. Eine Kontrollgruppe ohne Meditationserfahrung brachte dagegen das gewohnte Ergebnis. An dem Versuch nahm noch eine dritte Gruppe teil: Menschen, die gerne meditieren lernen wollten. In einem ersten Durchgang unterschieden sich die Ergebnisse in dieser Gruppe nicht von denen der Kontrollgruppe. Dann erhielten die Versuchsteilnehmer aus dieser Gruppe über drei Monate eine intensive Unterweisung in einem Meditationszentrum. Während eines so genannten „Retreats" meditierten sie jeden Tag ungefähr sechs Stunden. Nach dem Retreat wurde bei dieser Gruppe der „attentional blink" erneut gemessen. Tatsächlich fanden diese Meditierenden die zweite Zahl nun deutlich häufiger innerhalb des „attentional blink" als vorher. Offenbar kann dieses „Naturgesetz der Wahrnehmung" durch mentales Training überwunden werden.

Die Ursachen für den „attentional blink" werden unter Wissenschaftlern diskutiert. Man führt dieses Phänomen auf die begrenzte „Rechenleistung" des Gehirns zurück, offenbar benötigt es eine gewisse Zeit für die Verarbeitung von neuen Eindrücken. Warum schneiden Meditierende dabei besser ab? Slagter et al. (2007) konnten durch Messungen der Hirnströme zeigen, dass Meditierende ein immer gleiches Signal erzeugen, wenn sie die erste Zahl im Strom der Buchstaben erkennen. Danach können sie die zweite Zahl ohne „attentional blink" erkennen. Sehr wahrscheinlich müssen sich Meditierende mit der ersten Zahl viel weniger beschäftigen, reagieren mit einer vorgegebenen Routine und können ihr Gehirn deshalb schneller für neue Reize öffnen.

Diese scheinbar überraschenden Versuchsergebnisse decken sich mit Erkenntnissen, die im Buddhismus bereits seit 2 500 Jahren bekannt sind. Die Lehrreden des Gautama Buddha äußern sich hierzu im Zusammenhang mit der Entwicklung von „Sati" in der Meditation. Der Begriff Sati wird mit „Achtsamkeit" übersetzt, hat aber eine breitere Bedeutung. Eine Funktion des Sati beschreibt das Gleichnis vom Torwächter (s. Nauriyal 2006). Der Torwächter hält unerwünschte Personen an und lässt sie nicht in die Stadt. Dafür muss er zwei Voraussetzungen erfüllen: Er muss die Bürger kennen, die er einlassen soll, und er muss aufmerksam sein, damit ihm unerwünschte Personen nicht entgehen. Sati ist die Fähigkeit, seine eigenen Erwartungen, Gefühle oder Ängste von den Sinneseindrücken zu trennen und tatsächlich nur zu sehen, was im „Hier und Jetzt" geschieht. Der Buddha lehrt: Der Meditierende sieht im Lauf seiner Praxis immer schneller, entwickelt einen größeren Überblick und erkennt auch Zusammenhänge immer besser. Diese Fähigkeit bleibt dem Meditierenden auch außerhalb der Meditation erhalten. Slagter et al. (2007) haben ihre Versuchspersonen nicht in der meditativen Versenkung untersucht.

Der Buddha hat noch einen wichtigen Punkt ergänzt: Das schnelle Erkennen wirkt nämlich auch für die vielen nicht-sprachlichen Signale, mit denen die menschliche Körpersprache Informationen sendet. Lesenswert zu diesem Thema ist der Dialog über das Wahrnehmen von Gesichtsausdrücken zwischen Wolf Singer und Matthieu Ricard (2008).

Die Lehrreden des Buddha stellen fest, dass der Meditierende einen „sechsten Sinn" für andere Menschen entwickelt. Die westliche Wissenschaft nennt diesen Aspekt des Sati „Empathie". Das ist die Fähigkeit Gefühle und Stimmungslagen anderer Menschen zu erkennen und sich entsprechend zu verhalten. Diese Fähigkeit erscheint manchmal wie Gedankenlesen (Telepathie). Tatsächlich stehen dahinter Funktionen des Gehirns, die unbewusst ablaufen und deshalb diesen Eindruck wecken. Grundsätzlich verfügt jeder Mensch über solche Fähigkeiten, sie sind lediglich beim einen mehr, beim anderen weniger ausgeprägt. Achtsamkeitsmeditation macht die Wahrnehmung deutlich schneller, trainiert den „sechsten Sinn" und trägt dadurch dazu bei, dass Menschen sich empathisch verhalten.

Die Ursachen für solche Fähigkeiten sehen alle Traditionen der Meditation in der Überwindung von Erwartungen, Begierden und Befangenheit. Der Meditierende betrachtet die Welt mit Gleichmut und Gelassenheit. Warum das Gehirn dadurch schneller arbeitet, lassen die im Kapitel „Die große Leere und das dritte Auge" (S. 88) beschriebenen Erlebnisse verstehen. In der „großen Leere" erscheinen die Objekte der Welt als Muster: Schablonen mit Bildern, Erfahrungen, Handlungsanweisungen für den Körper. Diese Muster werden mit den Eindrücken der Sinne verglichen. Das Gehirn erkennt ein Objekt – z.B. eine Zahl, die den Teilnehmern bei einem neurobiologischen Versuch gezeigt wird –, weil es davon ein Muster hat, also eine grundlegende Vorstellung.

Entscheidend ist, dass die Muster zu ungefähr zwei Dritteln aus den erwarteten Gefühlen bestehen, die sich mit einem Objekt verbinden. Sie sind die Erwartungen, sie lösen Begierden und Befangenheit aus. Der Meditierende entwickelt mit dem Sati den Torwächter aus dem buddhistischen Gleichnis, der die erwarteten Gefühle aus dem Muster zurückweist. Das meditierende Gehirn bezieht seine Gefühle im Lauf der Praxis immer weniger aus den „Muster-Schablonen" und immer mehr aus dem „Hier und Jetzt". Damit erspart sich das Gehirn für jedes Muster eine große Menge Datenverarbeitung. Es ist deshalb nachvollziehbar, wenn meditierende Gehirne schneller wahrnehmen und ihre knappe Leistung auf wichtigere Dinge lenken können. Eine wichtige Rolle spielt dabei zweifellos auch die Fähigkeit der Empathie.

Achtsamkeitsmeditation, die Entwicklung von Sati, beschränkt sich allerdings nicht auf das Bereitstellen von „Rechenleistung" für andere Aufgaben. Langfristig verändert sich nämlich die ganze Art der Informationsverarbeitung, wie Brefczynski-Lewis et al. (2007) mit Messungen belegen konnten. Es zeigte sich, dass die Aktivität des Gehirns von Meditierenden mit zunehmender Erfahrung immer größer wird, wenn es um Aufmerksamkeitsleistungen geht. Dann allerdings gibt es einen Punkt, an dem die Aktivität mit noch längerer Meditationspraxis wieder abnimmt und schließlich auf das Niveau eines Einsteigers zurückfällt.

Offenbar brauchen sehr erfahrene Meditierende immer weniger Leistung ihres Gehirns, um sogar noch bessere Ergebnisse zu erzielen. Die Meditation bringt das Gehirn also noch in einen anderen, wissenschaftlich bisher nicht verstandenen Zustand, in dem es seine Leistung durch neue Qualitäten weiter steigert. Auch deshalb sagen die alten Lehrreden, dass es für die Entwicklung von Sati keine Grenzen gibt. Es erscheint irgendwann übersinnlich, auch wenn es keine übersinnlichen Ursachen dafür gibt. Der „sechste Sinn" ist in jedem Menschen angelegt, wie auch der Buddha wusste. Er wird durch Meditation nur in hohem Maß entwickelt.

Für die Forschung bedeutet das, sich von der oberflächlichen Bedeutung der Worte zu lösen. „Aufmerksamkeit" oder „Achtsamkeit" bedeutet in der westlichen Wissenschaft und auch im westlichen Sprachverständnis etwas völlig anderes als „Sati". Wenn die Wissenschaft die Vorgänge im meditierenden Gehirn verstehen will, muss sie sich vom eigenen Sprachgebrauch lösen, von den eigenen Erwartungen. Dafür lohnt sich ein Blick in die alten Schriften, die im Internet kostenlos zur Verfügung stehen (zum Beispiel: www.palikanon.com).

Qi und Kundalini

Meditierende sollen sich von komplizierten und „gläubigen" Bildern lösen, wenn es logische und wissenschaftliche Erkenntnisse möglich machen. Das ist sogar bei den „rätselhaften Lebensenergien" möglich, dem Qi aus dem chinesischen Daoismus oder dem Kundalini aus dem Yoga. Das

aus den indischen Künsten bekannte „Kundalini-Syndrom"
beschreibt zum Beispiel Bonnie Greenwell (1998). Das „er-
wachende Kundalini" erzeugt bei manchen Menschen
spektakuläre Erscheinungen, die durchaus „übernatürlich"
wirken und den Glauben an die naturwissenschaftliche
Welt erschüttern können.

Zum Kundalini-Syndrom gehören vor allem Hitzewal-
lungen und Kälteschübe. Manchmal scheint vor allem der
Bauch regelrecht zu brennen. Die Betroffenen erleben heftige und nicht mehr kontrollierbare Zuckungen der Beine,
der Arme oder plötzliche Nickbewegungen des Kopfes.
Häufig sind auch stechende und schlagartig auftretende
Schmerzen, wie ein massiver Stich, vor allem in die Zehen
und Schenkel, aber auch an anderen Körperteilen. Es gibt
auch anhaltende oder zeitweilige Schmerzen im ganzen
Körper, für die Ärzte oft keine Erklärung finden. Dazu
kommen Taubheitsgefühle der Hände und Füße. Auch psychische Symptome sind vom Kundalini-Syndrom bekannt,
zum Beispiel bisher nicht gewohnte Schwankungen des Sexualtriebs, Glückseligkeit bis zur Ekstase und zwanghafte
Gefühlsäußerungen, Lachen oder Weinen. Dazu kommen
Bilder oder „Filme", die vor dem inneren Auge auftauchen
und außergewöhnlich realistisch erscheinen.

Hinter dem Geheimnisvollen stecken normale körperliche Abläufe und psychologische Phänomene. Die Hitze-
wallungen beginnen vor allem im Bauch. Ihre Ursache ist
die erhöhte Produktion von Dopamin im Gehirn des Meditierenden. Dopamin regt auch die Produktion von Noradrenalin an, das vom besser bekannten Stresshormon Adrenalin unterschieden werden muss. Noradrenalin regt eine
stärkere Durchblutung des Bauchs und der Nieren an und
verursacht auf diese Weise das Hitzegefühl beim „erwachenden Qi" oder „erwachenden Kundalini".

Die Wärme breitet sich im ganzen Körper aus, denn mit wachsender Entspannung und vielleicht als Wirkung des Noradrenalins erweitern sich auch die Arterien. Diese Blutgefäße transportieren das Blut in den Körper und sind von eigenen Muskeln umgeben. Sie pumpen das Blut im Gleichtakt mit dem Herz. Zahlreiche wissenschaftliche Untersuchungen haben gezeigt, dass in der Meditation der Blutdruck sinkt und das Herz etwas schneller schlägt. Der Grund liegt in der Öffnung der Arterien, der Blutmenge steht jetzt mehr Raum zur Verfügung, also sinkt der Blutdruck. Das Herz gleicht den Druckverlust aus, indem es schneller schlägt, und sichert damit die nötige Durchblutung des Körpers.

Mit dem Blut wird auch Wärme transportiert, die der Körper regulieren muss. Der Körper beginnt zu schwitzen und kühlt sich so ab. Dieser Wärmeverlust steht nicht unbedingt im Gleichgewicht mit der Wärmeproduktion. Normalerweise liefert nämlich unbewusste Muskelbewegung einen guten Teil der Körperwärme. Der Meditierende ist aber entspannt und entspannt auch die unbewusste Muskelbewegung. So kann es vorkommen, dass der Körper im Zustand des „erwachenden Kundalini" nach einer Hitzewallung ein Kältegefühl erlebt, auf das wieder eine Hitzewallung folgt.

Die unkontrollierbaren Zuckungen der Beine, Arme oder des Kopfes im Kundalini-Syndrom sind eine Stufe auf dem Weg zu wirklich tiefer Entspannung des Körpers. Der Meditierende erlebt, wie sich der Körper zuerst noch gegen eine tiefe Entspannung wehrt. Auch entspannte Muskeln befinden sich nämlich in einer ständigen Grundspannung. Der Körper verfolgt damit zwei Ziele: Erstens entsteht damit Wärme für die Regulierung der Körpertemperatur, zweitens sind diese Muskeln ständig bereit zur Aktion.

Die Grundspannung der Muskeln erlebt jeder in einer „angespannten Situation" besonders deutlich. Die Betroffenen spüren einen Bewegungsdrang, sind „auf dem Sprung". Dahinter steht die Bereitschaft und Fähigkeit zu raschem Angriff oder Flucht. Auch in der ruhigen Umgebung der Meditation funktioniert das menschliche innere Überlebensprogramm. Wenn der Meditierende mit wachsender Erfahrung einen Zustand der körperlichen Entspannung erreicht, der unter dieses Niveau fällt, dann reagiert der Körper zunächst noch mit einer Gegenreaktion. Das Unbewusste übernimmt die Kontrolle und fährt die Muskelaktivität wieder hoch. Dann springt das Bein wie von selbst, der Arm schlägt und der Meditierende erlebt seinen Körper auf ungewohnte Weise. Es dauert allerdings nicht lange, bis diese Reaktionen abklingen. Dann hat der Körper gelernt: Die Alarmbereitschaft ist unbegründet.

Die unkontrollierbaren Körperbewegungen können ihre Ursache auch im veränderten Dopaminhaushalt haben. Unkontrolliert springende Beine kennt die Medizin auch als „restless legs" oder „unruhige Beine". Es handelt sich um eine Krankheit, die häufig vor dem Einschlafen auftritt und quälend für die Betroffenen ist. Die Beine zucken und springen unkontrollierbar, an Schlaf ist nicht zu denken. Die genauen Ursachen sind noch unbekannt, man weiß aber, dass bei den Betroffenen eine Störung im Dopaminsystem vorliegt. Genau in dieses System greift der Meditierende ein. Mit der Fähigkeit den Dopaminspiegel im Gehirn bewusst zu erhöhen, stellen sich oft Zuckungen im Körper ein, die wieder verschwinden, sobald der Körper seinen Dopaminhaushalt wieder ins Gleichgewicht gebracht hat.

Schmerzen und Stiche im Körper, manchmal ein heftiges Jucken, erklärt die Traditionelle Chinesische Medizin

(TCM) mit Hindernissen im Energiefluss. Die Art der Schmerzen und das Jucken sind typisch für die Beteiligung von Nerven. Das starke Jucken tritt zum Beispiel auch auf, wenn nach einer Verletzung eine Wunde heilt. Es geht auf Nerven im Bereich der verletzten Haut zurück. Nerven können auch Schmerzsignale senden, wenn gar keine realen Schmerzen auftreten. Das bekannteste derartige Phänomen sind die so genannten „Phantomschmerzen" in amputierten Gliedmaßen. Jemand hat seinen Arm verloren, trotzdem spürt er quälende Schmerzen in der Hand. Verantwortlich hierfür ist das Körpermodell, das im Gehirn gespeichert ist. Dort gibt es kein Bewusstsein für den fehlenden Arm, das Gehirn erwartet also weiter Signale und stößt mit dieser Erwartung ins Leere. Die daraus resultierende Empfindung ist Schmerz.

Genauso stößt das Gehirn ins Leere, wenn der Meditierende tiefe Entspannung lernt. Der nun wirklich ruhende Körper produziert kaum noch Signale, unwillkürliche Bewegungen und Reize. Das Gehirn ist daran nicht gewöhnt, es sucht Inhalt und produziert Phantomschmerzen. Auch sie verschwinden mit der Zeit, wenn das Gehirn sich auf den neuen Zustand einstellt.

Anhaltende oder zeitweilige Schmerzen im ganzen Körper sind oft genug ein ganz normaler Muskelkater. Der Meditierende entspannt seinen Körper, der sich aber trotzdem tragen muss. Das Wechselspiel der Muskeln muss sich deshalb neu einstellen. Tiefe Entspannung ist auch ein massiver Eingriff in die gewohnte Zusammenarbeit der Muskeln. Trotzdem rechnet selten jemand damit, dass Ruhe und Entspannung zu einem Muskelkater führen können. Auch die heftigen Körperbewegungen unter dem beginnenden Einfluss von Dopamin hinterlassen manchmal ein Gefühl wie nach einem Langstreckenlauf und einen Muskelkater.

Schmerzen können auch durch Gefühle von Wundheit, Taubheit oder Überempfindlichkeit der Haut entstehen. Hier sind Nerven ausgefallen oder wurden überreizt. Die Ursache dafür ist in der Regel ein Druck auf den Nerv, oft sogar an einer völlig anderen Stelle als der schmerzenden. Einzelne Nerven versorgen nämlich verschiedene Stellen der Haut, Muskeln und Organe im Körper. Das Gehirn unterscheidet, wie die Signale zu verarbeiten sind und woher sie kommen. Druck auf Nervenfasern kann bei der Meditation viele Ursachen haben. Auch entspannte Muskeln können einen Druck hervorrufen, den es bisher nicht gegeben hat. Außerdem verbringt man bei den Übungen eine ungewöhnlich lange Zeit im Liegen oder Sitzen, die kaum von Bewegungen unterbrochen wird.

Anhaltender Druck auf bestimmte Körperstellen kann zu schweren Problemen führen, die jede Krankenschwester kennt. Wenn sich bettlägerige Patienten kaum noch selbst bewegen können, kann der Druck des Körpers auf die Matratze bis zum Absterben der Ferse, der Gesäßmuskeln oder ganzer Rückenpartien führen. Deshalb müssen besonders in Pflegeheimen die Patienten regelmäßig umgelagert oder mit speziellen Kissen und Polstern versorgt werden. Auch Meditierende nehmen für lange Zeit und regelmäßig die gleiche Körperhaltung ein, sie haben also ein ganz ähnliches Problem. Damit die Nerven auf Dauer keinen Schaden nehmen und die Reizleitung nicht gestört wird, muss der Meditierende seine körperliche Technik regelmäßig prüfen und korrigieren. Vielleicht ist auch das Sitzkissen zu dünn oder die Beine werden durch die Sitzhaltung zu stark eingeengt. Beim Liegen erfahren die Fersen, das Becken und die Hände leicht zu viel Druck. Hier sind dann Polster und Kissen nützlich.

Taubheitsgefühle in den Händen oder Füßen können auch Durchblutungsstörungen anzeigen. Im einfachsten

Fall meditiert der Betroffene in einer falschen oder schlecht ausgeführten Haltung. Wenn dabei Blutgefäße abgedrückt werden, sind die versorgten Gebiete abgeschnitten. Normalerweise entsteht dabei ein Gefühl von „eingeschlafenen" Füßen oder Armen, die in Bewegung mit einem schmerzhaften Kribbeln „erwachen". Der Meditierende sollte dann an seiner Haltung arbeiten und sie korrigieren. Eine genaue Körperhaltung nach Lehrbuch gibt es in der Meditation nicht, vielmehr muss jeder Meditierende die Grundhaltung individuell an seinen Körper anpassen. Dabei können Europäer Anweisungen aus Asien manchmal nicht exakt auf ihren Körper übertragen. Asiatische und europäische Völker unterscheiden sich in der Körpergröße, die Länge von Armen, Beinen und Rumpf steht in einem anderen Verhältnis zueinander. Aber auch nach den asiatischen Regeln muss jeder Meditierende seine eigene stabile und ruhige Körperhaltung finden. Das ist gut zu sehen, wenn asiatische Mönche gemeinsam meditieren. Die Sitzhaltungen sind individuell und eben nicht bei allen exakt gleich.

Auch Veränderungen im Blutdruck können Störungen erzeugen, denn in der Meditation erweitern sich die Arterien und der Blutdruck sinkt. Normalerweise gleicht ein schnellerer Herzschlag den Druckverlust wieder aus. Wenn dieser Ausgleich nicht funktioniert, jemand ohnehin einen zu geringen Blutdruck hat oder dieser aus anderen medizinischen Gründen „grenzwertig" ist, besteht Gefahr. Der Meditierende muss wissen, dass seine Nieren bei zu niedrigem Blutdruck ihre Tätigkeit einstellen und Schaden nehmen können. Sie entgiften den Körper und scheiden diese Gifte über den Urin aus. Hinweise auf Durchblutungsstörungen, zum Beispiel ständig kalte und taube Hände bzw. Füße oder häufige Schwindelgefühle, können ein Hinweis auf ernstzunehmende gesundheitliche Probleme sein und müssen deshalb vom Arzt untersucht und abgeklärt werden. Der Arzt muss auch mitgeteilt bekommen, dass sein Patient meditiert und deshalb zeitweise einen niedrigeren Blutdruck hat als bei der Untersuchung gemessen wird.

Psychische Symptome gehören ebenfalls in das Kundalini-Syndrom und sind in allen Traditionen der Meditation gut bekannt. Veränderungen des Sexualtriebs und der sexuellen Begierde werden seit Jahrhunderten als mögliches Problem von Meditierenden beschrieben. Es kann sowohl ein gesteigerter als auch ein verminderter Sexualtrieb auftreten. Wer das „Erwachen des Kundalini" erlebt, hat zunächst einmal anderes im Kopf als sein Sexualleben. Das Erlebte muss verarbeitet werden, was durchaus einige Monate dauern kann. Vorsicht ist geboten, wenn sich dieser Zustand über einen längeren Zeitraum nicht ändert, der Betroffene die Welt in grauen Farben sieht, kaum noch Lust auf Unternehmungen hat, das Haus ungern verlässt und seine Aufgaben in Familie und Beruf vernachlässigt. Dies können Anzeichen einer Depression sein und in diesem Fall ist die körperliche Untersuchung beim Arzt und möglicherweise die Hilfe eines Psychotherapeuten nötig. Solche seelischen Probleme können schon lange bestehen, sie werden manchmal mit besonderen Erlebnissen in der Meditation bewusst.

Das „Erwachen des Kundalini" oder des „Qi" kann Menschen auch sehr aktiv werden lassen. Nicht nur der Dopamin-, sondern auch der Noradrenalinspiegel steigt an. Dieses Hormon regelt die Aggressivität eines Menschen. Dazu gehören auch die Risikobereitschaft, das Zugehen auf andere Menschen, Initiative und das Vertreten des eigenen Standpunkts. Nach seiner „kleinen Erleuchtung" könnte der Meditierende also etwas eigenwilliger sein, gerne lachen, Lust auf Party oder Wanderungen haben oder

Spaß an Sexualität. Normalerweise entsteht bei der Meditation eine freundliche und liebevolle Grundhaltung zu anderen Menschen, die auch den Einfluss von Noradrenalin in positive Bahnen lenkt. Wenn das nicht so ist, könnte dieser Mensch auf einen Irrweg geraten oder krank geworden sein. Anzeichen dafür sind Anfälle von Allmachtsgefühlen, unrealistische Höhenflüge, wenn jemand kaum noch zuhören kann, häufig unvermittelt und sprunghaft das Thema wechselt oder kaum noch auf ruhige Signale anderer Menschen reagiert. Auch diese Probleme können schon vorher im Untergrund der Seele schlummern und mit dem Erlebnis in der Meditation aufbrechen.

Auch hinter der Glückseligkeit und Ekstase des Kundalini-Syndroms verbirgt sich Dopamin. Gefühle sind die Wirkung von chemischen Prozessen: Dopamin macht einfach glücklich. Betrunkene zum Beispiel erleben einen regelrechten Dopamin-Rausch. Manchmal geraten auch Meditierende mit Kundalini-Syndrom in einen solchen Rausch und können dann auf ihre Umwelt wirken als wären sie betrunken. Das ist selten, aber auch nicht überraschend. Das ungewöhnliche Verhalten sollte nach etwa einer halben Stunde abklingen. In diesem Zustand ist körperliche Bewegung angeraten, eine friedliche Umgebung und eine kleine Feier mit Freunden. Alkohol sollte rigoros gemieden werden, denn er stört den Dopaminhaushalt, nimmt das Positive am Erlebnis und kann zu unberechenbaren Reaktionen führen.

Merkwürdige Gefühlsäußerungen, Lachen oder Weinen sind bei einem Kundalini-Syndrom nichts Außergewöhnliches und können ebenfalls durch die Veränderungen im Dopaminhaushalt erklärt werden. Sie beginnen mit Erreichen der 1. Stufe der Versenkung. Wer den „Flash" zum ersten Mal erlebt, kann sich leicht überwältigt fühlen. Gefühle – in der Regel äußerst positive – entstehen wie aus dem Nichts, der Betroffene muss weinen, weil „das Glück ihn übermannt" oder Freude kann in Traurigkeit umschlagen. Es ist schwierig, sich in diesem Blitzgewitter der Emotionen zu orientieren. Auch hier kann man wieder den Vergleich mit einem Betrunkenen ziehen, denn auch dieser erlebt einen „Dopamin-Flash", aufgrund dessen er im einen Moment überschwänglich sein kann, um im nächsten plötzlich in tiefer Trauer das Sein der Welt zu bejammern. Im Gegensatz zum Alkoholrausch hat das Erlebnis in der Meditation aber eine positive Perspektive. Der Meditierende verfügt nachhaltig über neue Möglichkeiten, die er für sich und andere nutzen kann.

Die Bilder oder „Filme" im Kundalini-Syndrom sind keine Visionen oder Halluzinationen. Sie sind das ganz normale Ergebnis der Entspannung von Körper und Geist ab einer gewissen Schwelle. Wenn sich der Meditierende nämlich so weit von seiner Umgebung und den eigenen Gedanken löst, dass die Sinne und Gedanken nebensächlich werden, leistet das Gehirn zunächst Gegenwehr. Es sucht nach Sinn und erzeugt Trugbilder. In der Medizin heißt der Vorgang „Deprivation", wenn der Betroffene in einer reizarmen Umgebung Halluzinationen sieht, hört oder schmeckt. Im „Ganzfeld" der Psychotherapie wird eine reizarme Umgebung zu diesem Zweck in Forschung und Therapie bewusst eingesetzt. Der Meditierende hingegen erlebt eine Illusion und sollte ihr keine größere Beachtung schenken.

Illusionen müssen klar von Halluzinationen unterschieden werden. Wenn jemand mit offenen Augen und wachem Verstand plötzlich nicht vorhandene Dinge sieht, hört oder schmeckt, dann handelt es sich um Halluzinationen. Sie müssen zuerst einmal als Hinweis auf eine schwere Krankheit verstanden werden, die von seelischen Störungen bis zum Hirntumor reichen kann. Wer Halluzinationen hat, muss sofort von Helfern ins Krankenhaus begleitet werden. Halluzinationen können jede Orientierung nehmen, Panikattacken auslösen, die Betroffenen können die Kontrolle über sich verlieren. Es kann sich auch um eine Drogenwirkung handeln, manchmal lange nach der letzten Drogeneinnahme (Flashback). Leider folgen westliche Meditierende in diesem Punkt nicht immer den asiatischen Traditionen, die Drogen aus guten Gründen völlig ablehnen.

Im Yoga gibt es Übungen zum „Wecken des Kundalini", die stark an Trance-Tänze aus schamanistischen Praktiken erinnern. Diese Techniken bedienen Ungeduldige; ich halte sie für gefährlich. Eingriffe in das Dopaminsystem müssen langsam erfolgen, damit der Körper sich anpassen kann.

Generell kann nicht jedes ungewöhnliche Verhalten mit der Meditation erklärt werden. Sollte der Betroffene aggressiv werden, unvernünftig reagieren, sich selbst oder andere gefährden, nicht mehr vernünftig auf Fragen antworten, wirres Zeug reden, wie betrunken lallen oder „krankhaft" wirken, dann muss auch an eine Krankheit gedacht werden. Nicht jede „kleine Erleuchtung" ist nämlich eine. Der Betroffene könnte unter einer Zuckerkrankheit (Diabetes) leiden, ein Herzproblem haben, auch als junger Mensch einen Schlaganfall erleiden oder eine Geisteskrankheit könnte sich Bahn gebrochen haben. Dann ist unbedingt der Notarzt zuständig, der Notruf darf keine Minute warten. Solche Zustände können lebensgefährlich sein.

Die chinesischen Künste kennen kein Kundalini-Syndrom. Die hier beschriebenen Symptome sind zwar bekannt, treten aber nacheinander und mit ruhigerem Verlauf auf. Tatsächlich sind sie ein Hinweis auf entfesseltes Geschehen, auf ein „alles auf einmal". Aus chinesischer Sicht ist das ein Kunstfehler und vermutlich auch aus buddhistischer Sicht. Beide Traditionen lehnen nämlich extreme Praktiken ab. Der Mensch soll sich gleichmäßig Schritt für Schritt und natürlich entwickeln. Extreme können in andere Extreme umschlagen und sind deshalb nicht mehr kontrollierbar. Dabei können Menschen Schaden nehmen und vom Weg zur Erleuchtung abkommen. Das ist nicht Sinn der Sache und deshalb gilt ein Kundalini-Syndrom in diesen Traditionen auch nicht als erstrebenswert.

Nahtod-Erlebnisse

Nahtod-Erlebnisse zählen zu den spektakulärsten Erscheinungen der menschlichen Wahrnehmung. Seit den 1970er Jahren wurden sie von zahlreichen westlichen Forschern als direkter Blick ins Jenseits oder als Beweis für die Existenz einer menschlichen Seele angesehen und erforscht. Besonders Raymond Moody und die Sterbeforscherin Elisabeth Kübler-Ross haben diesen Standpunkt populär gemacht und damit eine spirituelle Welle ausgelöst. Den Berichten schien gemeinsam zu sein, dass Menschen diese Erlebnisse an der Schwelle zum eigenen Tod hatten, gerettet wurden und später davon berichten konnten. Nur selten tauchen Hinweise auf, dass auch Meditierende „Nahtod-Erlebnisse" berichten.

Anhand zahlreicher Befragungen haben Raymond Moody und Elisabeth Kübler-Ross zwei typische Formen von Nahtod-Erfahrungen aus Berichten zusammengefasst. Die erste wurde als Blick ins Jenseits aufgefasst: Menschen gelangen durch einen tiefschwarzen Tunnel in ein helles Licht. Dort sehen sie Lichtgestalten, die zum Teil verstorbene Verwandte oder persönlich unbekannte „Engel" sind.

Die zweite Form der Visionen betrifft das Verlassen des Körpers, so genannte „außerkörperliche Erfahrungen". Die Betroffenen sind in aller Regel Opfer eines Unfalls, einer schweren Krankheit oder liegen in Narkose bei einer chirurgischen Operation. Sie verlassen ihren Körper, schweben über sich und beobachten die Szene. Nach solchen Nahtod-Erlebnissen beschreiben diese Menschen überraschend klar das Geschehen während ihrer Bewusstlosigkeit. Sie beobachten die Tätigkeit der Rettungskräfte und beschreiben Geräte, die sie anscheinend nie zuvor gesehen haben. Sie können nach dem Erwachen aus der Bewusstlosigkeit Fakten berichten, die sie nach allgemeiner Auffassung gar nicht kennen dürften.

Nahtod-Erfahrungen enden für gewöhnlich mit einem Zwang zur Rückkehr in den eigenen Körper. Die Betroffenen fühlen sich zurückgeschickt, zurückgesaugt, manchmal sogar gegen ihren Willen. Die Nahtod-Erfahrungen, die Moody, Kübler-Ross und viele andere gesammelt haben, waren nämlich äußerst angenehm. Die Betroffenen erlebten tiefe Ruhe, Frieden und große Distanz zum bedrohlichen Geschehen in der „irdischen Welt".

Die Forschung über Nahtod-Erfahrungen mündete rasch in völlig unwissenschaftliche Spekulationen. Der Blick ins Jenseits wurde nie bewiesen, die Berichte selten kritisch hinterfragt. Lichtgestalten in einem hellen, unendlich großen Raum decken sich nur allzu gut mit christlichen Vorstellungen von der Ewigkeit. Auch die außerkörperlichen Erfahrungen passten ins religiöse Bild. Die Beschreibungen sind aber häufig gar nicht so genau, wie sie später dargestellt und interpretiert werden. Das gilt zum Beispiel für scheinbar unbekannte chirurgische Instrumente, die grob als Röhren oder ähnliches beschrieben werden. Ein bewusster Beobachter sollte mehr Details gesehen haben.

Nahtod-Erfahrungen und außerkörperliche Erfahrungen sind in die Hände von „Gläubigen" gefallen, die nur immer wieder nach verkaufsträchtigen Beweisen für ihre jenseitigen Vorstellungen suchen.

Hubert Knoblauch (1999) hat einige tausend Nahtod-Erfahrungen untersucht und das Phänomen wissenschaftlich aufgearbeitet. Dabei stellte sich heraus, dass manche Nahtod-Forscher die Berichte offenbar sehr einseitig wiedergeben. Es gibt nämlich auch Berichte, in denen das „Jenseits" wie ein Horrorfilm beschrieben wird. Einen schweren Schlag erlebte die religiös orientierte Nahtod-Forschung durch Vergleiche zwischen Ost- und Westdeutschland. Westdeutsche Menschen berichten nämlich häufig von Jenseits-Erfahrungen, die ins christliche Bild passen. Ostdeutsche Seelen schweben dagegen über sonnige und schöne Landschaften. Offenbar ist die „Seelenwanderung" abhängig von Erziehung und Kultur, in der die Betroffenen aufgewachsen sind. Völlig außerhalb des Bildes stehen auch Berichte von Meditierenden über „Nahtod-Erfahrungen" während der Versenkung. Diese Menschen standen niemals vor dem Tod, hatten aber ähnliche Erlebnisse.

Einen Durchbruch in der Nahtod-Forschung erzielten Pim van Lommel et al. (2001). Sie hatten mehrere niederländische Herzkliniken überzeugt, sämtliche Patienten schon vor einer Operation zu begleiten und zu befragen, sodass die relevanten medizinischen und psychologischen Fakten über die Patienten zur Verfügung standen. Nach der Operation wurde die Befragung wiederholt, eventuelle Nahtod-Erfahrungen festgestellt und die weitere Entwicklung der Patienten über längere Zeit verfolgt. Vier bis fünf Prozent der Patienten berichteten von ungewöhnlichen Erlebnissen. Ausschlaggebend für das Erleben einer Nahtod-Erfahrung waren allerdings nicht Todesnähe, Lebensgefahr oder Komplikationen bei der Operation, sondern vielmehr das Gefühl der persönlichen Bedrohung. Auffällig war auch ein anderes Ergebnis: Patienten mit einer Nahtod-Erfahrung änderten ihr Leben häufig radikal. Die Zahl der Scheidungen schnellte in dieser Gruppe dramatisch in die Höhe. Rund die Hälfte der Patienten mit einer ausgeprägten Nahtod-Erfahrung starb innerhalb des ersten Jahres nach der Operation. Medizinische Gründe gab es dafür kaum, diese Menschen hatten offenbar ihren Lebenswillen verloren. Ähnliche Untersuchungen gibt es inzwischen auch aus den USA und Großbritannien. Die Ergebnisse decken sich mit den Erfahrungen aus den Niederlanden.

In der Meditation habe ich selbst „Nahtod-Erlebnisse" gehabt und war dabei sicher nicht in Lebensgefahr. Das erste Ereignis dieser Art erlebte ich 1978 im Alter von 20 Jahren. Damals praktizierte ich die Achtsamkeitsmeditation erst rund ein Jahr. Die Forschungen von Raymond Moody, Elisabeth Kübler-Ross und ihrer Anhänger kannte ich zumindest nicht bewusst. Während der Übung spürte ich, wie mein gewohntes Bewusstsein verschwand, meine geschlossenen Augen keine Bilder mehr lieferten, als würde die Welt verschwinden. Bevor ich mich wundern konnte, erschien ein tiefschwarzer und lichtloser Raum. Nach wenigen Sekunden entstand darin ein helles Licht und der Eindruck eines Tunnels. In diesen Tunnel wurde ich gesaugt, das helle Licht wurde immer größer. Es entpuppte sich als der Eingang in einen extrem hellen und grenzenlosen Raum. Der Eingang hatte keine scharfen Konturen, denn der helle Raum hatte auch keine erkennbaren Wände. Vielmehr schien sich die Helligkeit plötzlich um mich zu vergrößern und ich stand in diesem Raum. Das Licht war das hellste und klarste, das ich bis dahin und für die nächsten 30 Jahre gesehen habe. Es blendete nicht, tat nicht in den

Augen weh und schien mich auf eine wunderbare Weise zu durchströmen.

Der helle Raum war angefüllt von einem ungewöhnlichen Raunen. Es war nichts mit den Ohren hörbar. Trotzdem wusste ich, dass dort ein intensiver Austausch vor sich ging. Eine große Zahl von Menschen schien sich dort zu unterhalten, in aller Ruhe, aus allen Richtungen und ohne Worte. Inhalte verstand ich nicht, denn ich konnte mich nicht genügend konzentrieren, um aus dem „Stimmengewirr", wie aus einer Menschenmenge, Teile herauszuhören und zu verstehen. Plötzlich erschienen drei Gestalten, ebenfalls aus hellem Licht, aber mit erkennbaren Konturen und einer gewissen Räumlichkeit. Sie hatten menschliche Formen, aber keine Gesichter, keine eigentlichen Arme und Beine. Die mittlere Gestalt war deutlich größer als die beiden anderen. Ich wusste, dass es mein Großvater war, der einige Jahre zuvor gestorben war. Zu ihm hatte ich bis zu seinem Tod eine starke und vertrauensvolle Bindung. Die beiden anderen Gestalten waren ältere Frauen, aber sonst habe ich nichts über sie erfahren. Mein Großvater sprach zu mir, allerdings ohne Worte. Ich „wusste" einfach was er sagte. Gleichzeitig strömten auch die Gefühle und Erinnerungen zu mir, die mit dem Gesagten verbunden waren. Diese Form der Kommunikation benutzten alle „Wesen" in dem „hellen Raum". In mir entstand das Gefühl des „Eins-Sein" mit einer ganzen Welt, in der mich mein Großvater führte und beschützte.

Der „helle Raum" zog mich derart in seinen Bann, dass ich bewusste Gedanken und mein Zeitgefühl vergaß. Es war auf eine unbeschreiblich positive Weise erschütternd. Endlich bedeutete mir mein Großvater, dass ich nun gehen müsse. Ich wollte nicht. Dieser helle Raum schien mir so erstrebenswert, dass ich es nicht in Worte fassen kann.

Doch etwas zog mich wie ein Sog zurück, durch das Tor in den Tunnel, in die Schwärze. Mein gewohntes Bewusstsein kehrte zurück.

Dieses Erlebnis war für mein ganzes Leben fundamental. Das Gefühl war überwältigend: Ich hatte meinen Großvater im Jenseits getroffen und schien zu wissen, was mich nach dem Tod erwartete. Dorthin wollte ich zurück. Letztlich war dieses Erlebnis der Antrieb für meinen Weg der Meditation. Eine einzige Wiederholung hätte für mich jeden Aufwand gerechtfertigt. Ich verstehe deshalb die tiefe Erschütterung, die Nahtod-Erlebnisse bei anderen Menschen auslösen. Ich konnte damals mit niemandem darüber reden, auch mit meinen Eltern nicht, denn mein Erlebnis war „verrückt". Dann entdeckte ich die Berichte von Raymond Moody, Elisabeth Kübler-Ross und ihrer Anhänger. Ich war offensichtlich nicht allein mit meiner Erfahrung. Glücklicherweise hatte gerade mein Großvater das naturwissenschaftliche Denken in mir geweckt. Er war auch ein tiefreligiöser Mensch. Von ihm habe ich die Überzeugung übernommen nach dem Gebot „Du sollst Dir kein Bildnis machen" zu leben. Also hatten religiöse Spekulationen in meinem Lebensplan nichts zu suchen. So konnte ich mit meiner „Nahtod-Erfahrung" leben.

Es sollte 30 Jahre dauern, bis ich den „hellen Raum" wieder betreten durfte. Doch diesmal war ich vorbereitet, durch lange Praxis und Erfahrung in der Meditation. Im Jahr 2007 erreichte ich den bewussten Zugang auf mein unbewusstes Denken und erlebte auch die „große Leere".

Die Schwärze vor einer Nahtod-Erfahrung ist der Moment, wenn sich das Bewusstsein von den Eindrücken der Sinne abkoppelt, wenn die Sinnestätigkeit erlischt, wie Buddhisten sagen. Bilder und Erlebnisse kommen nun direkt aus dem Gehirn. Das helle Licht entspringt der Art, wie das Gehirn Bilder speichert. Sie werden zerlegt in reine Forminformation, die das Gehirn mit dem hellen Licht visualisiert. Daraus entsteht ein vollständiges Bild, wenn dieser Forminformation auch Farben, Eigenschaften und Inhalte überlagert werden. Das Erlebnis des hellen Lichts oder von Lichtgestalten ist das Erlebnis der reinen Forminformation in Bildern aus der Erinnerung. Das Gehirn benutzt dabei keine Grauwerte. Es gibt nur das „helle Licht" und tiefes Schwarz – wie ein Binärcode „Ja" oder „Nein". Zusammen mit den Bildern sind aber auch Gefühle abgelegt, Körpermodelle und Zustandsbeschreibungen des Körpers. Wenn sie erlebt werden, entsteht ein völlig realistischer Eindruck, eine virtuelle Wirklichkeit.

Das „göttliche" Gefühl entsteht auch deshalb, weil auf dieser Ebene des Bewusstseins das ganze Denken des Gehirns erlebbar ist. Der Mensch kann gleichzeitig sechs bis sieben Gedanken bewusst verfolgen. Dabei wird eine große Menge Information bewegt, denn zu jedem Gedanken gehören Bilder, Gefühle, Handlungsanweisungen für einige hundert Muskeln und Gelenke, die Vernetzung mit Erfahrung, die wieder aus einer großen Datenmenge besteht und aus der Erinnerung abgerufen wird. Hinzu kommen Gedanken, die das Gehirn unbewusst bearbeitet. Diese Denkprozesse im Gehirn erschienen mir als das Raunen und das Stimmengewirr in dem großen hellen Raum. Auch wenn sich in diesem Zustand das Gehirn selbst erlebt, hat es kein Bewusstsein von sich selbst und sucht deshalb nach Erklärungen und Sinn. Das starke Gefühl des „Eins-Sein" mit dieser Unendlichkeit ist keine Überraschung, selbstverständlich war ich „eins" mit mir selbst.

Auch die Art, wie mein Großvater mit mir „sprach", ist typisch für das Denken des Gehirns. Worte entstehen nämlich erst, wenn die Kommunikation nach außen vorbereitet wird, also im sprachlichen Denken (s. S. 102). Das komplette Paket des vorsprachlichen Gedankens ist bei Weitem größer und zum größten Teil auch nicht durch Worte zu vermitteln. Wer aber unvorbereitet erlebt, alles im Zusammenhang „zu wissen", dem drängt sich der Glaube an die Stimme Gottes auf.

Außerkörperliche Erfahrungen – Menschen sehen sich von außen, während ihr Körper und ein Rettungsteam mit dem Tode ringen – haben einen ähnlichen Hintergrund. Solche Menschen erleben eine Simulation, die im Gehirn ständig abläuft, Wahrnehmung filtert, interpretiert und anhand Vorhersagen vor Überraschungen bewahrt. Das Gehirn kann solche Vorhersagen auch mithilfe der Spiegelneuronen treffen.

Mit dem bewussten Zugang zum unbewussten Denken werden solche Simulationen auch bewusst erlebbar, denn sie sind eine Form des unbewussten Denkens und lassen sich in der Meditation verwenden und steuern. Ich benutze sie als Konzentrationsübung. Dabei löse ich mich aus meinem Körper, betrachte mich manchmal, dringe durch das Dach und gehe auf eine Flugreise. Was ich dabei sehe, erscheint mir realer als die Wirklichkeit. Das Bild ist nämlich in der ganzen Tiefe scharf, ich brauche meine Augen nicht einstellen, um in die Nähe oder in die Ferne zu schauen. Außerdem weiß ich alles über das, was ich sehe. Eines ist dabei immer klar: Die ganze Reise ist sicher keine „Seelenwanderung", sondern ein Produkt meines Gehirns.

Interessant werden diese Reisen, wenn ich dabei scheinbar Unbekanntes entdecke. Es gibt hier eine schöne Altstadt, durch die ich gerne „fliege". Bei den Fenstern im dritten Stock entdecke ich häufig Details, die ich mir bewusst niemals angeschaut habe. Offenbar hat mein Gehirn viele Eindrücke gespeichert, die das Bewusstsein nie beschäftigt haben. Ich habe das nach meinen „Ausflügen" überprüft. Diese Kleinigkeiten sind tatsächlich in diesen Fenstern vorhanden.

Noch interessanter werden diese Übungen, wenn ich bestimmte Dinge wirklich nicht gesehen haben kann. So gibt es in der erwähnten Altstadt mittelalterliche Häuser, eng aneinander gebaut, der Blick auf manche Dächer ist versperrt. Wenn ich über solche Dächer „fliege", erscheinen sie zuerst eigenartig unscharf und arm an Details. Doch sehr schnell entsteht ein richtiges Dach vor dem geistigen Auge. Mit etwas Konzentration kann ich solche Bilder in der Meditation untersuchen. Ich entdecke dann Information, die von anderen Gebäuden und sogar von anderen Orten stammt. Das Gehirn lässt kein Loch, sondern füllt das Bild mit Erwartungen und Erfahrungen auf.

Wenn also das Opfer eines Unfalls über seinem schwer verletzten Körper schwebt und den Einsatz der Rettungskräfte beobachtet, dann ist dieser Mensch nicht mit seiner „Seele" unterwegs. Diese Menschen erleben eine Simulation dessen, womit sich ihr Gehirn gerade sehr intensiv befasst. Die bewussten Kontrollmechanismen, mit denen das Gehirn seine Simulation und die Entwicklung von Erwartungen vor dem Bewusstsein versteckt, sind in diesem Moment abgeschaltet. Aber die Sinne funktionieren und liefern eine Flut von Information. Das Gehirn mag bewusstlos sein, aber es ist ganz und gar nicht tot oder „abgeschaltet". Es fügt die Informationen zusammen und verknüpft sie mit Erinnerungen und Erfahrungen. Ein kurzer Lufthauch über dem Arm zeigt an, dass jemand über den Körper greift, ein Stich verrät die Spritze, mit der Medikamente gegeben werden. Anhand der Stimmen kann das Gehirn auf den Zentimeter genau orten, wo sich die Menschen im Raum befinden und ob sie knien, stehen oder laufen. Schwere Geräte verursachen eine Erschütterung des Bodens, wenn die Helfer sie bewegen. Eine Hand streicht über etwas und erzeugt dabei einen kaum hörbaren Laut. Wir wissen: Diese Oberfläche ist stark gerundet und glatt.

Aus dieser Flut von Information setzt das Gehirn ein sehr konkretes Bild des Geschehens zusammen. Das Gehirn „sieht" mit allen Sinnen was gerade geschieht. Es verfügt über Informationen, die das Bewusstsein selten erreichen, aber trotzdem jedes Handeln steuern. Was das Gehirn nicht wissen kann, wird aus der Erfahrung ergänzt. Unser Gehirn akzeptiert keine Löcher im Bild, umso weniger, wenn es feststellt: „Ich liege hilflos und schwer verletzt auf der Straße." Dann konzentrieren sich 100 Milliarden Nervenzellen auf ein einziges Problem, nämlich zu überleben. Das Gehirn ist in seiner Leistungsfähigkeit ein Wunder, und selbstverständlich wird es in dieser Lage auch ein „Wunder" produzieren.

Aus diesem Grund schweben manche Schwerverletzte scheinbar über der Szene und beobachten von außen, was bei ihrer Rettung geschieht. Sie „nehmen Abstand" von der bedrohlichen Situation und verschaffen sich einen Überblick. Mathematisch betrachtet ist der Blick von außen einfach herstellbar. Das Gehirn rechnet nämlich mit Vektoren in einem Koordinatensystem und hat dafür Millionen Nervenzellen als Prozessoren zur Verfügung. Auch im Alltag blicken wir „hinter die Dinge" oder sehen etwas „aus einem anderen Blickwinkel". Ganz selbstverständlich ergreifen wir den Hammer, obwohl er nicht direkt sichtbar hinter dem Werkzeugkasten liegt. Das Gehirn rechnet die räumlichen Beziehungen um, weiß wo wir den Hammer beim letzten Mal abgelegt haben, wie sich ein Hammer anfühlt und wie unsere Hand danach greifen muss. Anhand dieser Informationen steuert es die Hand. Diese Art von „Hellsehen" ist eine selbstverständliche Leistung des Gehirns. Die Kontrolle über räumliche Beziehungen muss in Windeseile möglich sein. Deshalb kann das Gehirn bei außerkörperlichen Erfahrungen in seiner virtuellen Welt fliegen. Der Aufwand dafür ist gering.

Nahtod-Erlebnisse sagen vor allem zwei Dinge aus. Erstens: die Leistungsfähigkeit des Gehirns wird noch immer dramatisch unterschätzt. Zweitens: Jeder Mensch ist auch von seinen Weltanschauungen bis in sein tiefstes Inneres durchdrungen. Raymond Moody, Elisabeth Kübler-Ross und viele andere sind Opfer ihrer christlichen Wunschvorstellungen geworden. Wären sie Theravada-Buddhisten, wären sie mit Sicherheit zu anderen Schlüssen gelangt. Für diese „Ur-Buddhisten" ist mit dem Tod das Ende nämlich absolut. Sie kennen keine Seele, kein Leben nach dem Tod und suchen deshalb auch keine Beweise für das Jenseits.

Menschen mit Nahtod-Erfahrungen haben etwas gesehen, auf das sich Meditierende Jahrzehnte vorbereiten. Der Schock ist nachvollziehbar und damit auch die Krise, die solche Menschen oft erleben. Sie glauben die „Stimme Gottes" gehört zu haben, weil sie nicht verstehen können, dass ihr eigenes Gehirn für die scheinbar göttliche Erfahrung verantwortlich ist. Wenn Menschen infolge dieser Erlebnisse sogar sterben (van Lommel et al. 2001), dann liegt die Ursache vermutlich im psychogenen Tod. Es ist durchaus möglich, dass Menschen sterben – wahrscheinlich aufgrund einer Stressreaktion –, wenn okkulte Praktiken, Glauben oder Religion ihnen die Hoffnung auf ein Weiterleben nehmen. Glücklicherweise wächst die Zahl der Therapeuten, die das Problem erkennen und solchen Menschen Hilfestellung geben (s. Nicolay 2005). Für den Meditierenden ist die Nahtod-Forschung eine Warnung. Das Übersinnliche ist zu jeder Zeit auch überflüssig. Die Wirklichkeit des Gehirns ist weitaus spannender und steht jedem Menschen in jeder Sekunde für sein reales Leben zur Verfügung.

Meditierende befassen sich seit langer Zeit mit dem Phänomen der Nahtod-Erfahrungen. Das eindrucksvollste Buch zu diesem Thema ist das „Tibetische Totenbuch". Es befasst sich mit dem Sterben und auch den Visionen, die dabei auftreten können. Es handelt sich bei dem Totenbuch keineswegs um einen Bericht, sondern um eine Meditationsanleitung. Das haben zum Beispiel Stephen Hodge und Martin Brood (2000) in einer kommentierten Fassung des Tibetischen Totenbuchs dargestellt. Sie haben auch mit tibetischen Geistlichen (Lamas) gesprochen und Überraschendes erfahren. Diese Lamas wissen nämlich, dass die Visionen vom Jenseits aus der Persönlichkeit des Menschen stammen und nicht aus einer überirdischen Welt. Sie wissen: Buddhisten sehen Buddha, Christen sehen Jesus. Die Beschäftigung mit dem Vorgang des Sterbens zielt nicht ins Jenseits, sondern ins reale Leben. Wer nämlich geistig „stirbt", gibt Zwänge und Bindungen auf radikale Weise auf. Angesichts des Todes bleibt wenig übrig, das wirklich wichtig ist. Auf dieses wirklich Wichtige zielt die Meditation über den Tod; sie soll zur Erleuchtung führen. Den tibetischen Buddhisten ist dabei völlig klar, dass alle Eindrücke und Wahrnehmungen aus dem eigenen Geist stammen. Entsprechend funktioniert die Meditationsanleitung. Sie ist auf keinen Fall eine Gebrauchsanleitung für Reisen ins Jenseits.

Mögliche Gefahren für Meditierende

„Meditation" bezeichnet eine breite Palette von Techniken zur aktiven Umgestaltung des Gehirns und des ganzen Körpers. Es gibt Meditation in Ruhe, aber auch in Bewegung: Yoga, Qigong oder Tai Chi. Das Ziel ist die positive Veränderung von Körper und Geist, ähnlich wie im Sport. Meditation ist eine „Individualsportart". Technik und Verlauf der Meditation richten sich nach dem Fortschritt des einzelnen Schülers. Dabei sind auch Trainingsfehler und Sportverletzungen möglich.

In der Meditation stößt die Vorsorge gegen Verletzungen auf zwei große Hindernisse. Das häufig größte Hindernis ist der Schüler selbst. „Sportverletzungen" in der Meditation sind nämlich in aller Regel seelische Verletzungen, Verirrungen und der falsche Umgang mit Krankheiten. In solchen Fällen fehlt häufig die Einsicht in das eigene Problem. Seelische Probleme und Erkrankungen sind für den Betroffenen nämlich überhaupt nicht offensichtlich. Sie sind für diese Menschen die Wirklichkeit, denn zuerst einmal sieht jeder Mensch die Welt so, wie er sie eben sieht, und hält das auch für richtig. Aber auch Meditierende können sich verirren.

Das zweite Hindernis bei der Vermeidung von „Sportverletzungen" in der Meditation ist der Lehrer. Meditation wird in der westlichen Welt in aller Regel als bessere Entspannungstechnik aufgefasst und auch so geübt. Das Risiko seelischer Verletzungen wird selten gesehen und in den meditierenden Zirkeln fehlen häufig das Bewusstsein und vor allem Wissen hinsichtlich seelischer Gesundheit und Psychohygiene.

In den Traditionen Asiens sind 20 Jahre Erfahrung vor der Zulassung eines Meditationslehrers normal und eher eine Untergrenze. Asiatische Meditationslehrer haben viel gelesen und gehört, kennen also auch die theoretischen Grundlagen ihrer Kunst. Immerhin wird der Weg der Meditation seit mindestens 2 500 Jahren von einer geistigen Elite untersucht und beobachtet. Buddhismus und Daoismus haben einen wissenschaftlichen Anspruch in ihrer Philosophie und ihrer Praxis, im Westen wird davon häufig nur ein verklärtes Traumbild übernommen.

Meditation erreicht das „Unmögliche": Meditierende haben bewusste Kontrolle über eigentlich unbewusst gesteuerte Abläufe im Körper. Irgendwann gelangen Meditierende auch in die Welt ihres Unbewussten. In Asien wird das wie ein sportliches Programm betrieben. Es gibt ein Aufbautraining, Ernährungsprogramme, dazu eine passende Lebensplanung und psychologische Betreuung.

Meditation ist keine Technik für kurze Ausflüge in die Seele. Sie baut Fähigkeiten für den Alltag auf und endet nicht mit den Übungen. Dem Sportler steht sein trainierter Körper auch im Alltag zur Verfügung, in vergleichbarer Weise macht sich das meditierende Gehirn im Alltag bemerkbar. Meditation ist keine „Auszeit", kein kurzes Abschalten von den Alltagssorgen, sondern sie verlangt nach einem Lebensstil. Auch dabei spielen Gelassenheit, Achtsamkeit und Ruhe eine große Rolle.

Meditation hat die schöne Eigenschaft, jedem zu geben, was er braucht. Was das ist, entscheiden Gehirn und Körper selbst, wenn der Meditierende es zulässt. Eine grundsätzliche Erfahrung aus den alten Traditionen der Meditation lautet: „Was ich losgelassen habe und wonach ich nicht mehr strebe, das fällt mir in den Schoß. Was ich festhalten will und was ich mit Begierde suche, das verschwindet in weite Ferne." „Gelassenheit" und „Loslassen" sind deshalb oft gehörte Worte. Sie bedeuten nicht „Aufgeben, Unterdrücken und Verzicht", vielmehr stehen sie für „die natürliche Entwicklung zulassen". In westliche Begriffe übersetzt, passt dazu vielleicht das Wort „Stressbekämpfung". Jeder Druck, jedes krampfhafte Wollen, jeder Zwang erzeugt Blockaden im Gehirn. Unter Stress schaltet das Gehirn auf eine enge Sicht, handelt schematisch und kann vor allem schlecht lernen.

Stress kann auch entstehen, wenn Meditation eine Flucht aus dem Alltag bringen soll. Ungelöste seelische Probleme und Konflikte verursachen Schmerzen, ähnlich wie körperliche Verletzungen. Inzwischen ist bekannt, dass seelische Probleme im Gehirn tatsächlich auch im Schmerzzentrum wirken. „Verletzte Gefühle" oder „schmerzende Worte" gibt es also wirklich, Menschen mit seelischen Verletzungen beschreiben ihren Zustand mit entsprechenden körperlichen Bildern, die von „erstickten Gefühlen" bis zum „herausgerissenen Herzen" reichen. Schmerzen sind ein starker Antrieb zur Flucht. Bei körperlichen Schmerzen ist das völlig klar und wird von allen Menschen akzeptiert. Wenn nichts mehr hilft, gibt es Schmerzmittel aus der Apotheke. Bei seelischen Schmerzen ist das anders. Die beste Medizin sind in diesem Fall andere Menschen, die Verständnis zeigen, zuhören, Hoffnung geben und Wege zurück ins Leben finden helfen. Wer solche Menschen nicht hat, der leidet schwer darunter.

Seelische Schmerzen führen viele Menschen zur Meditation. Das kann der richtige Weg sein, wenn der Alltag darüber nicht vergessen wird. Manche „flüchten in den Glauben" oder „verschwinden in der Versenkung". In der Welt der Esoterik findet sich ein abgeschlossener Raum. Der Mensch „macht die Tür hinter sich zu und sperrt die Sorgen aus". In esoterischen Kreisen gibt es auch andere Menschen, ein Thema für Gespräche, persönliche Erfolgserlebnisse. Rubin (2001) hat diese Phänomene psychologisch untersucht. Er stellt fest, dass Meditation auch häufig als Mittel zum Rückzug von der Welt und ihren ungelösten Problemen genutzt wird. Die Techniken zielen zuerst einmal auf Abstand von Gedanken und Gefühlen und können allzu leicht das gesuchte „Schmerzmittel" sein. Allerdings ist eine Krankheit nicht geheilt, wenn die „Droge" nur die Symptome unterdrückt.

Meditation ist nicht einfach „gut" und führt auch nicht zu einem festgelegten positiven Ziel. Entscheidend sind die Motive, die zur Meditation führen und der Lebenswandel, der sich damit verbindet. Zu den berühmtesten Meditierenden zählt neben Buddha eben auch Adolf Hitler. Meditation muss nicht immer nur die positiven Seiten eines Menschen zutage fördern, sie kann Menschen auch seelisch derart panzern, dass sie den Blick für die reale Welt verlieren, Konflikte sich anhäufen und am Schluss die Katastrophe steht. Solche Menschen haben nicht verstanden, wohin die östlichen Lehren führen wollen.

Grundsätzlich richten sich die Lehren aller meditierenden Weltanschauungen auf die Beziehungen zu anderen Menschen und zur ganz normalen Welt. Die Meditation in der geistigen Versenkung ist nur äußerlich ein Rückzug. Sie ist ein Ruheraum, aus dem der Meditierende mit Neugier und Unternehmungsgeist hinaus ins Leben geht. Dort gibt es keine geheimnisvollen Lebensenergien und nichts liegt „jenseits der Erfahrung". Das Leben der östlichen und alten westlichen Weisheiten ist der Arbeitsplatz, die Familie und die Gesellschaft. Wer sich davon zurückziehen will, befindet sich in Gefahr.

Lehrer und Schüler

Meditierende brauchen einen sicheren Rückhalt bei anderen Menschen, mit denen sie über ihre Erfahrungen reden können. In den östlichen Kulturen wird viel über die Beziehung zwischen einem Lehrer und seinen Schülern berichtet. Es wird häufig übersehen, dass solche Beziehungen über Jahrzehnte bestehen. Der Meister übernimmt dabei die gleichen Rechte und Pflichten wie vor Jahrhunderten ein europäischer Handwerksmeister gegenüber seinem Lehrling. Er wird zum Vater-Lehrer. Die westlichen Lehrlinge haben früher bei den Handwerksmeistern gewohnt, gelebt und gegessen. Der Meister übernahm die Pflichten der Eltern für die sittliche und soziale Erziehung, also weit über das Lehren des Handwerks hinaus. Der Lehrling bekam praktisch neue Eltern und musste sich auch entsprechend benehmen.

Ein asiatischer Meditationsmeister ist also etwas völlig anderes als ein westlicher Meditationslehrer beim Kurs in der Volkshochschule. Der asiatische Meister ist für seinen Schüler auch ein Vater, Geistlicher und Psychotherapeut. Nach den traditionellen Regeln ist diese Bindung praktisch nicht zu lösen, wie zwischen Eltern und ihren Kindern. Der einmal gewählte Meister bleibt es ein Leben lang. Entsprechend langfristig und vertrauensvoll sind solche Beziehungen angelegt. Den Schutz für beide liefert ein rigoroser Verhaltenskodex, bei dem Treue und Respekt eine große Rolle spielen und Verstöße die gesellschaftliche Vernichtung bedeuten können.

In der westlichen Kultur bewegt sich der Meditierende in völlig anderen Zusammenhängen. Die am meisten gestellte Frage lautet: „Wie lange dauert das?" Häufig glauben Schüler, ein Lehrer wäre gut, wenn er ständig neue Techniken zu bieten hat. Trotzdem hören sie in asiatischen Filmen den Meister zum Schüler sagen: „Du bist noch nicht so weit", sehen darin den Ausdruck von Weisheit und Erfahrung. Im westlichen Alltag wechseln sie den Lehrer oder denken, sie können es allein.

Ein asiatischer Meister hat eine lange Ausbildung hinter sich, 20 bis 30 Jahre sind eine ganz normale Zeit. Junge Menschen können Techniken vermitteln, aber „Meister" sind sie nicht. Das liegt an der Biologie des Gehirns. Es ist erst im Alter von etwa 25 Jahren biologisch ausgereift. Dann steht seine volle Leistungsfähigkeit überhaupt erst zur Verfügung. Das lernende Gehirn muss außerdem Wissen erst verarbeiten und in Zusammenhänge stellen. Grundsätzlich benutzt es dafür einen Zwischenspeicher, den Hippocampus, der seitlich in der Tiefe des Gehirns liegt. Hier liegen Erfahrungen und Wissen als Rohmaterial und können auch abgerufen werden. Die langfristige Speicherung geschieht aber in der Hirnrinde, dem Kortex. Dort werden Zusammenhänge hergestellt und von hier fließt Wissen auch in die Persönlichkeit des Menschen und seine Intuition. Diese Umspeicherung dauert ungefähr zwei Jahre. Weil zu einem Meister aber auch viel Wissen und selbst gemachte Erfahrung gehören, braucht seine Ausbildung entsprechend viel Zeit.

Diese Zeit brauchen auch die Schüler, denn auch sie lernen über ihren Hippocampus. Die Forschung zeigt, dass Meditierende sich schon nach Wochen und Monaten deutlich verändern. In den Augen der meditierenden Traditionen sind diese Veränderungen allerdings nicht weiter aufregend. Effekte auf den Blutdruck, veränderte Dopaminspiegel oder eine merkliche Stressminderung sind nämlich nicht die eigentliche Meditation, sondern ihre technische Voraussetzung. Diese Anfängerfähigkeiten sind beeindruckend, aber sie sind nur das ABC oder das kleine Einmaleins der Grundschule. Was danach kommt, geht viel tiefer und richtet sich nach den Zeitskalen des Hippocampus. Das bedeutet, es entwickelt sich über einen Zeitraum von vielen Jahren.

Weil diese Zusammenhänge nicht gesehen werden, kratzen viele Meditierende, Gruppen und Lehrer, an der

Oberfläche. Viele werden ungeduldig und probieren immer neue Techniken und Methoden aus. Der esoterische Markt kann liefern, erfindet ständig Neues und verdient auch gut daran. Wer wirklich meditieren will, sollte sich an seine Schulzeit erinnern. Das erste gelesene Wort ist kein flüssiges Lesen in einem dicken Buch, die erste Rechenaufgabe ist noch keine hohe Mathematik. Aber ohne erste Worte und das Einmaleins bleibt die Welt dahinter verschlossen. Solche Grundfertigkeiten sind auch ganz und gar nicht nutzlos. Ähnlich verhält es sich in der Meditation: Erste Ergebnisse bzw. Lernerfolge zeigen sich schon nach Wochen, die „Grundschule", die Versenkungsstufen eins bis vier, dauert aber ungefähr fünf Jahre. Danach ist der Lehrstoff unbegrenzt und kann leicht viele Leben ausfüllen.

Es ist umstritten, ob Meditierende einen Lehrer oder Meister brauchen. Im „Ur-Buddhismus" (Theravada) oder im Daoismus sind Alleingänge durchaus üblich. Trotzdem stehen diese Menschen in einem funktionierenden sozialen Netzwerk, in dem sie über sich und ihre Erfahrungen sprechen können. Dazu gehört Vertrauen, denn Meditierende müssen über sehr persönliche Erfahrungen, Erlebnisse und Krisen sprechen können. Einen „Meister" brauchen westliche Meditierende also nicht in jedem Fall, sie sollten aber unbedingt Menschen ihres Vertrauens suchen, diese Beziehungen pflegen und nutzen. Darüber hinaus müssen Bücher zum ständigen Begleiter werden.

Drogen: seit 2 500 Jahren überholt

Manche Substanzen, zum Beispiel LSD oder Psilocybin in manchen Pilzen, stehen in dem Ruf „bewusstseinserweiternd" zu wirken. Aus den USA gibt es Untersuchungen, die zeigen, dass ungefähr ein Drittel der Meditierenden

Drogenerfahrungen hat. Manche halten Drogen auf dem Weg der Meditation für unverzichtbar. Das ist ein Irrtum, denn die durch Drogen hervorgerufene „Bewusstseinserweiterung" geht tatsächlich auf eine Einschränkung der Hirnleistung zurück. Die bewusste Verarbeitung von Eindrücken und Gedanken wird chemisch blockiert, außerdem behindern Drogen die Entwicklung des Gehirns. Sie erzeugen Stress, denn der Körper spürt, dass etwas nicht stimmt. Aber gerade Stress ist das größte Hindernis beim Lernen und der stärkste seelische „Krankmacher". Deshalb lehnen die großen meditierenden Traditionen Drogen völlig ab. Sie haben keinerlei nützlichen Wert auf dem Weg der Meditation und behindern ihn sogar. Auch Alkohol zählt in diesen Traditionen zu den Drogen.

Praktisch alle Drogen wirken über einen starken Eingriff in den Dopaminhaushalt des Gehirns, der Tage bis Monate anhalten kann, auch wenn der Drogenkonsument nicht süchtig ist. Aber gerade Dopamin ist der Motor über den sich der Fortschritt des Meditierenden entwickelt, jede Störung des Dopaminhaushalts wirft den Meditierenden zurück. Aus diesem Grund leben die großen Schulen im Buddhismus und Daoismus drogenfrei. Nur im Westen hält sich noch die Meinung, Drogen könnten auf spirituellen Wegen helfen. Diese Sicht stammt aus primitiven Kulturen und ist seit 2500 Jahren veraltet. Es darf nicht vergessen werden, dass Buddhismus und Daoismus ihre Vorläufer hatten. Auch in Indien, China oder Japan gab es Schamanen, die unter Drogen und in Trance Naturreligionen praktizierten. Die daraus gewonnenen Erfahrungen wurden auch aktiv erhalten und sogar ausgebaut, denn Drogen wurden zur Heilung von Krankheiten gebraucht: Opiate als Schmerzmittel, Haschisch und Psilocybin als Psychopharmaka. Die Einnahme von Drogen auf dem Weg der

Meditation wird in in den daoistischen und buddhistischen Traditionen aber strikt abgelehnt. Die Gründe dafür liegen in der Unfreiheit der Sucht und den Störungen im Dopaminsystem.

Umgang mit dem Unbewussten

Der Zugang zum Unbewussten entsteht beim geistig gesunden Menschen erst, wenn die Angst vor dem Unbewussten überwunden ist. Jede Form von Aufregung, Schreck oder Furcht ruft die Aufmerksamkeit in die Außenwelt zurück. Solche Hindernisse haben einen wichtigen Grund: Das Gehirn nimmt ein Gefahrensignal wahr und die Aufmerksamkeit richtet sich automatisch auf mögliche Gefahren oder den lebenswichtigen Kontakt mit anderen Menschen.

Deshalb schafft der Meditierende für seine Übungen einen Raum und eine Zeit der Ruhe und Sicherheit, wo die Überlebensprogramme überflüssig sind. Allerdings werden Körper und Geist nicht sofort auf diesen Zug springen und alle Türen in die Welt des Unbewussten öffnen. Körper und Gehirn wollen zuerst klare Beweise und Erfahrung, dass diese Welt wirklich sicher und gefahrlos ist. Die Überlebensprogramme spüren nämlich auch, wenn sich das Bewusstsein von der Außenwelt zurückzieht, damit angreifbar wird und auf äußere Gefahren verzögert reagiert.

Meditierende schließen in den ersten vier Stufen der Versenkung ein Bündnis mit dem Körper: „Ich gebe Dir Gleichmut, Gelassenheit und Aufmerksamkeit – Du schaltest dafür Schreckreflexe, Stressreaktionen ab und gibst mir Dopamin." Damit entsteht ein Schutz für die Erfahrungen und biochemischen Veränderungen, die auf dem weiteren Weg der Meditation aufkommen. In der Regel wird ohne diese Vorbereitung die Stimme des Unbewussten leise bleiben oder allenfalls nur stottern. Der Meditierende investiert dabei nicht nur in die Zukunft. Er hat zu jeder Zeit seinen Vorteil vom Stressabbau, der Steigerung seiner Konzentrationsfähigkeit und dem ruhigen Umgang mit Gefühlen. Geduld ist der Schlüssel zum Unbewussten, der Geist öffnet sich, wenn die Zeit dafür gekommen ist. Wer ungeduldig drängt, setzt Körper und Geist unter Erfolgsdruck und damit auch unter Stress. Der Geist wird sich verschließen, der Meditierende erlebt einen Rückschritt.

Diese Schutzmechanismen sind wichtig. Im Unbewussten gibt es nämlich nicht nur angenehme Erlebnisse. Jeder Mensch hat Ängste, seelische Verletzungen und eine dunkle Seite. Der Meditierende sieht irgendwann auch Horrorbilder, die erschütternd sein können. Im Kino bleibt der Rettungsanker: „Das ist ja nur ein Film." Diesen Ausweg erlaubt das Gehirn dem Meditierenden nicht. Das Gehirn hat seine Ängste und Befürchtungen für den Umgang mit der realen Welt entwickelt. Genauso real werden sie erlebt.

Vor allem Suggestion und Drogen können die Schutzmechanismen auf dem Weg ins Unbewusste löchrig machen oder ganz abschalten. Solche „schnellen Wege" können in die Katastrophe führen. Das Gehirn hat seine neuen Schutzmechanismen – Gleichmut und Achtsamkeit – noch nicht ausreichend entwickelt und wird überfordert. Typisch für seelische „Unfälle" bei spirituellen Praktiken sind Panikattacken und über Wochen und Monate anhaltende Ängste, Verwirrung, Niedergeschlagenheit oder drängende Zweifel. Die Betroffenen verlieren die Kontrolle über sich und haben Schwierigkeiten mit dem geregelten Leben.

Wer asiatische und vor allem chinesische Texte liest, findet darin manchmal die Bemerkung eine Übung oder eine bestimmte Technik könne „Kopfschmerzen machen". Diese Worte sind eine feine Umschreibung für das, was westliche Menschen quälende Schmerzen, geistige Verwirrung oder Wahnsinn nennen würden. Die Skala asiatischer „Kopfschmerzen" reicht tatsächlich über diese Spanne. Wenn das Wort „Kopfschmerzen" in asiatischen Schriften auftaucht, dann gilt der gut gemeinte Rat: „Finger weg, das ist gefährlich."

Die Grundtechniken der Meditation müssen klar beherrscht werden, bevor es in die höheren Stufen und mit höheren Techniken weitergehen kann. Ob sie jemand beherrscht, zeigt sich allerdings nicht in der Meditation, sondern im Alltag und im Umgang mit anderen Menschen. Hier beobachtet der Meister seine Schüler und stellt dann leider manchmal fest: „Du bist noch nicht so weit." Wirklicher Fortschritt entsteht in der Meditation nicht in Wochen, sondern in Jahren und Jahrzehnten.

Menschen lernen dann besonders schnell und gut, wenn starke Gefühle ins Spiel kommen. Gute Gefühle markieren erstrebenswerte Ziele. Die Erfahrung macht Spaß und verlangt nach Wiederholung. Weitaus schneller lernen Menschen aber aus Fehlern, schlechten Erfahrungen und Gefühlen. Häufig reicht ein einziges Erlebnis aus, um eine schlechte Erfahrung auf lange Zeit im Gehirn zu verankern und eine Wiederholung zu vermeiden. Wer sich einmal die Finger verbrannt hat, wird kein zweites Mal blindlings auf die Herdplatte fassen.

Schlechte Erfahrungen brennen sich tief ein, vor allem wenn sie von großer Angst begleitet sind. Es scheint, dass dafür sogar eigene Botenstoffe im Gehirn zur Verfügung stehen. Das machen Untersuchungen wahrscheinlich, die sich mit psychischen Belastungsstörungen befassen. Psychische Belastungsstörungen können bei Menschen auftreten, die zum Beispiel Zeugen oder Opfer von Gewalt, Vergewaltigung oder Katastrophen geworden sind. Die Betroffenen leiden oft über Jahre unter Angst, Schlaflosigkeit und Veränderungen der Persönlichkeit bis hin zur Selbsttötung. Die Horror-Bilder aus dem meditierenden Gehirn sind ein ähnlich einschneidendes Erlebnis. Sie könnten ebenfalls ein Auslöser für eine psychische Belastungsstörung werden und den Meditierenden um Jahre zurückwerfen. Auch deshalb ist eine geduldig geübte Grundschulung in den unteren Versenkungsstufen gut und richtig investierte Zeit.

Psychische Probleme können aber auch durch die Veränderungen im Dopaminhaushalt des Meditierenden verursacht werden. Thorsten Kienast et al. (2008) fanden eine überraschende Wirkung des Botenstoffs im Mandelkern (Amygdala) des Gehirns. Dopamin erzeugt normalerweise fröhliche Gefühle, belohnt für Neugier und Unternehmungslust. In der Amygdala wirkt es anscheinend in eine völlig andere Richtung, große Mengen Dopamin im Mandelkern gehen mit einer ängstlichen Persönlichkeit einher. Nun wird Dopamin in der Meditation aber in drastischen Mengen erzeugt, wie Kjaer et al. (2002) nachweisen konnten. Ähnlich große Mengen Dopamin sind normalerweise ein Hinweis auf schwere seelische Krankheiten, zum Beispiel Schizophrenie. Warum Meditierende trotzdem eine gute geistige Gesundheit besitzen, ist bisher nicht bekannt. Es könnte am Regelmechanismus für Dopamin im Gehirn liegen. Das Gehirn verfügt über Eiweiße, mit denen es Dopamin auf ein normales Maß herunterregeln kann. Allerdings braucht es dafür Zeit, denn es muss lernen, dass der Dopaminpegel unnatürlich hoch geworden ist. Die typischen Lernzeiten für diesen Mechanismus liegen im Bereich von Monaten (vgl. Nestler u. Malenka 2004).

Meditierende müssen also die Zusammenarbeit mit ihrem Gehirn suchen und sich dafür auch die Zeit nehmen.

Die Techniken sorgen für eine erhöhte Produktion von Dopamin, auf das die Regelmechanismen reagieren. Normalerweise stellen sich die Fortschritte des Meditierenden im Lauf von Monaten und Jahren ein. Also hat das Gehirn ausreichend Zeit und die nützlichen Effekte der Meditation können sich entwickeln. Das Gegenteil erreichen Ungeduldige, wenn sie durch den Missbrauch von „fortgeschrittenen Techniken" zu früh und zu schnell die Kontrolle über ihr körpereigenes Dopamin erlangen. Sie erleben ähnliche Effekte wie in einem Drogenrausch. Allerdings trifft sie dieser Rausch völlig unerwartet und sehr schnell. Wer dagegen die Schriften der Meditationsmeister aus den vergangenen 2 500 Jahren studiert, begegnet immer wieder dem Rat zu Gelassenheit, Ruhe und Geduld. Vor allem muss die Meditation Schritt für Schritt entwickelt werden. In der westlichen Esoterik-Szene lauern aber die Verlockungen für Ungeduldige. Viele dieser Versprechungen zielen vor allem auf das schnelle Geld und bleiben bestenfalls unwirksam. Andere Methoden sind möglicherweise gefährlich. Die Zahl der Esoterik-Opfer in den psychiatrischen Kliniken und Therapiepraxen steigt dramatisch an (www.rosmariejaeger.de/downloads/spirituelle_krisen.pdf).

Geführte Meditation und Suggestion

Manche Meditationspraktiken verbinden sich mit Worten oder Vorstellungen, die vom Meditationsleiter oder auch vom Meditierenden selbst stammen. Diese Praktiken werden als „geführte Meditation" bezeichnet. Mittlerweile kann man auch viele CDs mit Anleitungen zur geführten Meditation kaufen. Die entspannenden Worte oder Klänge sollen dazu führen, dass der Meditierende sich ihnen überlässt. Die eigenen Schutzmechanismen werden damit ganz bewusst beseitigt. Wird eine geführte Meditation kompetent durchgeführt, lässt sich damit in kurzer Zeit ein Zustand erreichen, der eigentlich erst nach längerem Training zu erwarten wäre. Die Wirkung ist vergleichbar mit Hypnose. Solche „schnellen" Verfahren sind nützlich für die Therapie bestimmter Erkrankungen, unter Kontrolle von erfahrenen und entsprechend ausgebildeten Therapeuten.

Der Meditierende ist aber kein Patient, sucht keine Effekte unter dem Druck einer Krankheit. Trotzdem haben suggestive Verfahren eine starke Anziehungskraft, denn das Erlebnis von Wohlgefühl und „Fortschritt" stellt sich rasch ein. Therapeuten wissen, dass nun die eigentliche Behandlung erst beginnt. Das neue Wissen wird unbewusst verarbeitet, bewertet und dann erst langfristig als Erinnerung gespeichert, dies dauert in der Regel ein bis zwei Jahre. Was dabei geschieht ist häufig unvorhersehbar, deshalb sollten suggestive Verfahren nur unter therapeutischer Begleitung angewandt werden.

In manchen Formen von Meditation spielt Suggestion eine große Rolle. Typisch für diese Techniken ist die Verwendung von bestimmten Vorstellungen, Worten oder Texten. Meditation mit dem christlichen Gebet ist dafür ein Beispiel. In Asien praktizieren manche Buddhisten die Mitgefühlsmeditation (engl.: compassion meditation), die zum Beispiel der Dalai Lama (2003) beschreibt. Sie verstärkt die Fähigkeit zum Mitfühlen mit anderen Wesen und lässt sich neurobiologisch als Training der Spiegelneuronen und der Gefühlsverarbeitung verstehen. Dabei spielen Vorstellungen von Menschen und Tieren eine große Rolle. Auch Yoga kennt solche Techniken, und die Tierstile in den chinesischen Kampfkünsten haben hier ihre Wurzeln.

Diese Techniken können durchgreifend positive Wirkungen haben, denn sie können negative Weltbilder verändern und dabei auch die Aktivität bestimmter Teile im Gehirn verstärken. Das haben zum Beispiel Lutz et al. (2008) bei Praktizierenden der Mitgefühlsmeditation gemessen. Allerdings liegt darin auch der Kern zum Missbrauch, von Entgleisungen und Unfällen. Die Meister Asiens wissen das und erlauben solche Übungen erst dem fortgeschrittenen Schüler nach der Grundstufe. In Europa wird die Wirkung von Meditation, der Eingriff in die Funktionen des Gehirns allerdings noch immer unterschätzt. Wenn sich also jemand die christlichen Exerzitien des Ignatius von Loyola aus dem Internet besorgt oder im Glaubensseminar ausprobiert, würde dies asiatischen Meistern Sorge bereiten. In den Exerzitien spielen nämlich Gebete und Handlungen eine große Rolle, also auch Suggestion. Solche Techniken gehören nicht in die „Grundschule" der Meditation und sind kein Gegenstand für Einsteiger. Die „Mitgefühlsmeditation" aus dem Buddhismus gehört zum Beispiel in die mittlere Stufe, also die Versenkungsstufen fünf und sechs. Bis zum Erreichen dieser Stufen hat man schon viele Jahre meditiert und sich damit auf solche Techniken vorbereitet.

Suggestion pflanzt künstliche Erinnerungen oder Gefühle ins Gehirn, wie bei einer Organtransplantation. Die meisten Menschen bestreiten das und halten künstliche Erinnerungen für unmöglich. Aber vor einer Prüfung stellen sie sich trotzdem vor, wie diese Prüfung wohl ablaufen wird. Der Prüfling spricht im Geist mit den Prüfern und beantwortet ihre Fragen. Auch ein Vortrag wird mit dieser Methode bestens vorbereitet. Wenn die Situation dann wirklich kommt, sind viele Möglichkeiten durchgespielt, das Lampenfieber abgebaut und das Selbstvertrauen gestärkt. Anders gesagt: Die Situation wurde visualisiert, mit einer künstlichen Erinnerung Erfahrung aufgebaut und die Gefühle durch Suggestion beruhigt.

Meditation verfügt mit manchen Techniken über weitaus größere Möglichkeiten. Sie erlaubt die grundlegende Veränderung von Hirnfunktionen mit einem bewusst gewählten Ziel. Leider ist es dabei unwichtig für die biologischen Abläufe, ob das Gehirn dabei Hass oder Liebe lernt. Manches kann auch ungewollt ins Gehirn geraten, weil der Meditierende seine Übungen nicht versteht, schlecht geplant und vorbereitet hat. Hier drohen „Kopfschmerzen" im asiatischen Sinn, die für experimentierfreudige Geister in der psychiatrischen Klinik enden können.

In der Meditation kommt es auch zur Konditionierung. Damit bezeichnen Verhaltensforscher die Kopplung von Signalen mit Verhalten und körperlichen Reaktionen. Der russische Mediziner Iwan Petrowitsch Pawlow (1849–1936) hat für seine Entdeckungen auf diesem Gebiet im Jahr 1904 den Nobelpreis für Medizin bekommen. Er hatte jedes Mal, wenn er Hunden Futter angeboten hatte, kurz vorher eine Glocke geläutet. Der Speichelfluss bei den Hunden diente ihm als Maß, wie stark die Hunde das Futter erwarteten. Nach einiger Zeit reagierten die Tiere mit kräftigem Speichelfluss, wenn das Glockensignal ertönte, auch wenn sie gar kein Futter bekamen. Die Hunde waren „auf die Glocke konditioniert".

Konditionierungen sind sogar ein Ziel der Meditation. Wer sich zum Beispiel auf seinen Atem konzentriert, Achtsamkeit dafür entwickelt, veranlasst das Gehirn zur Ausschüttung von Dopamin. Die Technik überträgt diesen Mechanismus auf die bewusste Beobachtung der Atmung. Irgendwann braucht der Meditierende nur einige bewusste Atemzüge machen und fühlt das Glück mit dem Dopamin in sich aufsteigen. Er hat sich erfolgreich konditioniert.

Suggestion führt zu ähnlichen Ergebnissen. Denken Sie einmal an Honig oder Schokolade. Läuft Ihnen das Wasser im Mund zusammen? Diese Reaktion kann sogar stärker sein als der tatsächliche Anblick von Honig oder Schokolade im Küchenschrank. Realer Honig und reale Schokolade haben nämlich immer kleine Fehler, die Vorstellung ist dagegen makellos und perfekter als die Wirklichkeit. Deshalb wirken bei der Konditionierung Vorstellungen oft intensiver als die Begegnung mit dem wirklichen Objekt.

Stellen Sie sich vor, Sie haben wochenlangen Ärger mit Ihrem Chef. Zur Entspannung meditieren Sie, können aber die Gedanken schlecht abschalten. Das Gehirn visualisiert dabei den Chef und seine Eigenschaften. Erfahrene Meditierende können ihre Vorstellungskraft und Konzentration tatsächlich einsetzen, um den Chef von verschiedenen Seiten zu „betrachten". Er wird nun in vielen Facetten beleuchtet, denn er hat auch positive Eigenschaften, begründete Ängste und Hoffnungen. Solche Methoden aus der „Mitgefühlsmeditation" muss der Meditierende aber gründlich lernen und muss darauf vorbereitet sein. Sonst kann es passieren, dass Visualisierung und Suggestion ein Bild vom Chef erzeugen, das mit der Wirklichkeit nur noch wenig zu tun hat. Das Gehirn erzeugt dann ein falsches Verhalten, das Experiment kann die Arbeitsstelle kosten.

Regeln für den Selbstschutz

Der Meditierende hat es in der Hand, positive Ziele zu erreichen und sie mit dem eigenen Schutz vor „Sportunfällen" bei der Meditation zu verbinden. Der entscheidende Punkt ist: Der Meditierende muss bewusst erleben lernen und mit Ruhe erkennen, was gut und schlecht für ihn ist. Er muss solchen Gefühlen vertrauen und danach handeln. Aber was ist „gut" und was ist „schlecht"?

Die Anerkennung anderer Menschen erleben die meisten positiv. Viele Meditierende üben ihre Praxis in der Gruppe und mit einem Lehrer. Aber in der Gruppe entwickeln sich die Mitglieder verschieden, manche schneller, andere langsamer. Was geschieht, wenn sich jemand langsamer entwickelt? Gibt es eine Aufholjagd oder fühlt sich der Einzelne weniger leistungsfähig? Wenn sich jemand schneller entwickelt, könnten Überheblichkeit oder Risikobereitschaft ebenso ins Abseits führen. Gute Lehrer unterrichten deshalb niemals eine Gruppe, auch wenn eine Gruppe im Raum sitzt. Es geht einzig und allein um die Entwicklung jedes einzelnen Menschen. Oft wird nämlich übersehen, dass jemand sich in einzelnen Bereichen langsamer entwickelt und vielleicht seine Fortschritte in anderen Bereichen gar nicht sieht. Eifersucht und Leistungsdruck haben in einer meditierenden Gruppe keinen Platz. Wer das nicht einsieht, muss die Gruppe eventuell sogar verlassen.

Eine hilfreiche Regel für die Meditation ist: „Gut" ist, was Gefühle von Sicherheit und Ruhe bringt. Meditierende müssen auf ihr „Bauchgefühl" hören lernen. Der leise Zweifel ist wertvoll, denn hinter dem „Bauchgefühl" steckt das unbewusste Denken mit seiner vollen Leistungsfähigkeit. Gerade dieses Denken will der Meditierende erschließen und wischt es deshalb nicht vom Tisch.

Die Zweifel aus dem „Bauchgefühl" sind trotzdem nicht immer „gut". Jeder Mensch hat bestimmte Erfahrungen gemacht und Blockaden entwickelt. Viele dieser Ängste verschwinden mit dem Fortschritt der Meditation von allein. Sie trainiert schließlich Zentren im Gehirn, die Gefühle und Eindrücke bewerten und daraus Verhalten und neue Gefühle machen. Wer allerdings mit Macht gegen solche Blockaden anrennt, erreicht häufig das Gegenteil. Die

Blockade wird stärker, denn unbewusst entsteht das Gefühl von Gefahr.

Das beste Mittel gegen Blockaden und Widerstände sind Barmherzigkeit und Liebe zu sich selbst. Wenn ich Ängste habe, dann gehören sie zu mir und sind Teil meiner Persönlichkeit. Sie sind nicht vom Himmel gefallen, sondern Teil der Lebenserfahrung. Sie erfüllen vielleicht sogar einen wichtigen und guten Zweck. Die Meditation erlaubt mit der Zeit, solche Gefühle ohne Leidenschaft zu betrachten. Dann erst erschließen sich die positiven und negativen Seiten einer Blockade im Kopf. Der Meditierende erkennt, warum es die Blockade gibt und kann sie neu bewerten. Der Kampf wird also völlig überflüssig.

In der Meditation muss sich der Meditierende das Vertrauen seines eigenen Körpers und seines eigenen Gehirns verdienen. Es gibt viele Schutzreflexe und Sicherungen, die dem Überleben dienen und bei denen der Körper keine schnellen Veränderungen dulden wird. Er fordert Zeit und viele Beweise, bevor er eine rote Ampel auf grün stellt. Diese Geduld muss der Meditierende aufbringen und wird dafür mit einem starken Gespür für sein Inneres belohnt. Das eigene Bemühen ist wichtig, wenn es um Regelmäßigkeit und die saubere Technik der Übungen geht. Schlägt dieses Bemühen allerdings in Leistungsdruck um, wirft das den Meditierenden zurück. Auch hier gilt die alte Weisheit: „Was ich festhalten will, das verliere ich. Wonach ich strebe, das rückt in weite Ferne."

Wenn negative Gefühle auftauchen, wenn die Meditation immer wieder nicht „klappt", die Konzentration nicht aufkommt, dann kann eine Pause wertvoll sein. Erfahrene Meditierende kennen das Phänomen der „Über-Meditation". Dann geht nur noch wenig und die Versenkung macht auch keinen Spaß. Einige Tage oder sogar Wochen ohne Meditation können in solchen Zeiten Wunder wirken. Auch Sportler kennen solche Phasen, wenn sie eine Trainingspause machen müssen. Danach gelingen plötzlich Dinge, die vorher über Wochen oder Monate unglaublich schwerfielen oder immer wieder misslangen. Auch Meditierende spüren, wann solche kreativen Pausen nötig sind. Sie werden dafür mit dem Fortschritt ihrer Bemühungen belohnt.

Auch eine Gruppe und der Lehrer dürfen keinen Druck aufbauen. Das betrifft nicht nur Sekten, die ins Innere stechen und vom Mitglied einen schamlosen Seelen-Striptease fordern. Auch ungeduldige, also schlechte Lehrer können Druck ausüben. Manche Lehrer setzen sich selbst zu sehr unter Erfolgsdruck, denn sie wollen ihren Schülern etwas bieten. Das ist keine gute Voraussetzung für eine natürliche Entwicklung. Gute Gruppen und Lehrer behandeln sich gegenseitig mit Geduld und Respekt, sie zwingen einander zu nichts und lassen der natürlichen Entwicklung ihren Lauf.

Ebenso wie ein Sportler muss der Meditierende seinen Lebenswandel und seine Ernährung beobachten. Dazu gehört auch ausreichende Bettruhe, denn im Schlaf ordnet das Gehirn seine Eindrücke und Erinnerungen und vernetzt sie mit bisherigen Erfahrungen. „Der Schlaf ist die Mutter des Lernens" lautet das Sprichwort, und die moderne Neurobiologie kommt zum gleichen Ergebnis. Der Meditierende erlebt Zeiten mit wenig Schlafbedürfnis und damit verbunden Unternehmungslust. Dann richtet sich der Blick ins Leben. In anderen Zeiten gibt es ein großes Schlafbedürfnis und eine Liebe zur Ruhe. Dann kümmert sich der Meditierende vielleicht besonders gerne um seine Zimmerpflanzen, führt Gespräche mit dem Partner oder der Partnerin oder entdeckt die Werkstatt und den lange fälligen Bau eines Möbelstücks. Der Blick richtet sich nach innen, in sich selbst und auf andere. Die persönliche Entwicklung muss nämlich immer wieder bewusst gemacht und reflektiert werden. Den Spiegel dafür liefern andere Menschen, deren Beobachtungen Befangenheit und Fehleinschätzungen im Selbstbild des Meditierenden vermeiden helfen.

Ruhige und aktive Phasen kennt jeder Mensch und sie sind normal. Der Meditierende sollte ihnen Aufmerksamkeit schenken, sie bewusst erleben. Auch bewusst gewählte Aufgaben und die Arbeit für den Lebensunterhalt können die Meditation befördern. Nicht umsonst haben Mönche aller Kulturen weltliche und geistliche Aufgaben. Das gehört zusammen.

Meditation und Gesundheit

In der Traditionellen Chinesischen Medizin ist Meditation in Ruhe und Bewegung ein oft benutztes Mittel in der Hand des Arztes. In früheren Zeiten haben diese Ärzte ihren Patienten Meditation „verordnet", als Programm zur Gesundheitsvorsorge. Die Verantwortung der daoistischen Medizin lag vor allem in der Gesunderhaltung der Patienten, ihrer Langlebigkeit und erst in zweiter Linie in der Heilung von Krankheiten. Oft wurden bewusst nur die Symptome der Patienten behandelt. Das lag nur zum Teil an den begrenzten Möglichkeiten einer traditionellen Medizin.

Krankheiten wurden als Störungen des natürlichen Gleichgewichts betrachtet. Es lag in der Hand des Patienten selbst, dieses Gleichgewicht – mit Unterstützung des Arztes – wiederzugewinnen. Dabei wurden Konzepte eingesetzt, die aus der heutigen Sicht der westlichen Medizin erstaunlich modern anmuten. Vor allem wurden Körper und die Psyche des Menschen niemals getrennt voneinander betrachtet. Das asiatische Weltbild betrachtet den Menschen als eine Einheit in sich selbst und als Einheit mit seiner Umwelt, mit anderen Menschen und den Kräften der Natur. Folgerichtig haben traditionelle chinesische Ärzte auch die Lebensbedingungen der Patienten untersucht und „behandelt". Zum Beispiel interessierten sich die Ärzte für die Arbeit des Patienten und seine Beziehungen zu anderen Menschen. Obwohl die chinesische Gesellschaft bis heute ausgesprochen prüde ist, wurde offen über den Umgang mit Sexualität gesprochen und geschrieben, denn die Vereinigung des männlichen und weiblichen Prinzips, von Yin und Yang, galt als Grundlage der natürlichen Ordnung. Traditionelle chinesische Ärzte entwickelten auch Konzepte für die Gestaltung des Hauses und der Wohnräume, die

– aus dem Zusammenhang gerissen – als „Feng Shui" auch im Westen bis heute Anklang finden.

Chinesische Ärzte waren Meditationsmeister, hatten also die 6. Stufe der Versenkung erreicht. Auch deshalb dauerte ihre Ausbildung rund 30 Jahre. Sie mussten in der Lage sein, den Gesundheitszustand ihrer Patienten intuitiv zu erfassen, dafür „in die Haut des Patienten schlüpfen" und daraus Diagnose und Behandlung ableiten. Zur eigenen Gesunderhaltung meditierten traditionelle chinesische Ärzte auch zwischen einzelnen Behandlungen. Bei solchen Anwendungen nutzt der Arzt die Fähigkeit eines fortgeschrittenen Meditierenden, andere Menschen bewusst im eigenen Körper wahrzunehmen, und damit auch ihre Leiden und Probleme. Von diesen Eindrücken mussten sich die Ärzte in der Meditation befreien, zu sich selbst zurückfinden, um nicht auf Dauer Schaden zu nehmen.

Ähnliche Konzepte hat in den vergangenen Jahrzehnten auch die westliche Medizin entwickelt. Die Einheit von Körper, Psyche und Umwelt wird immer stärker gesehen, nicht zuletzt aufgrund der Erkenntnisse der psychosomatischen Medizin und schließlich der integrierten Medizin. Es entstand auch eine medizinische Forschung über Meditation aus westlicher Sicht. Heute entsteht eine wissenschaftliche Grundlage für die alte Praxis der traditionellen Ärzte, die Meditation auch in die westlichen Arztpraxen und Krankenhäuser trägt. Entscheidend dafür war, dass sich Meditationsprogramme einer Forschung unterwarfen, die sich an westlichen Standards für die Zulassung von Medikamenten und Behandlungsmethoden messen konnte. Vorreiter dafür ist seit etwa 20 Jahren der amerikanische Arzt Jon Kabat-Zinn (2009), der sich vor allem mit buddhistischen Methoden befasst hat. Er entwarf ein Meditationsprogramm zur Stressminderung auf der Basis von Achtsamkeitsmeditation (mindfulness-based stress reduction, MBSR). Stress ist ein Volksleiden geworden, aus dem heraus viele andere, zum Teil schwere Krankheiten entstehen. Er entsteht nicht allein durch äußere Faktoren, zum Beispiel die Arbeitsbelastung oder Probleme mit anderen Menschen. Tatsächlich gibt es stressanfällige und weniger stressanfällige Menschen. Die Rolle der persönlichen „Stressantwort" ist gut bekannt und anhand Blutuntersuchungen tatsächlich messbar.

An diesem Punkt setzt Meditation überraschend wirksam an. Zahlreiche Untersuchungen belegen, dass die Stressantwort sich schon nach einigen Wochen täglicher Übung deutlich verbessert (Hölzel et al. 2009; Kabat-Zinn 2009; weitere Literatur bei Greeson 2009). Die Meditierenden werden emotional stabiler und können ruhiger auf Stressauslöser reagieren. Sie können unerwünschte Gefühle oder bohrende Gedanken leichter kontrollieren, sie bewusst betrachten und verarbeiten und damit vielen Stressauslösern ihre Wirkung nehmen. Auch Ängste und sogar Phobien werden durch Meditation abgebaut, nicht durch Unterdrückung, sondern durch bewusste Betrachtung ohne Bewertung. Dabei sind Techniken der Meditation beim Umgang mit Gefühlen auch gut entwickelten Entspannungstechniken überlegen (Greeson 2009). Durch den Stressabbau wirkt Meditation auch Krankheiten entgegen, die durch Stress entstehen oder verschlechtert werden. Greeson (2009) zitiert Arbeiten über Schuppenflechte (Psoriasis), Typ-2-Diabetes, Fibromyalgie, rheumatoide Arthritis oder chronische Rückenschmerzen. Bei chronischen Krankheiten oder Schmerzen führt Meditation zur Linderung der Symptome und zur Verbesserung der Lebensqualität.

Eine weitere lange bekannte Wirkung der Meditation ist die Stärkung des Immunsystems, also die größere Widerstandskraft gegen Infektionen durch Viren und Bakterien. Auch deshalb ist Meditation in der traditionellen Medizin ein Teil der Gesundheitsvorsorge. Offenbar verbinden sich dabei Veränderungen im Gehirn auch mit Veränderungen des Immunsystems. Davidson et al. (2003) konnten zeigen, dass nach einem Meditationstraining die Aktivität im Frontalhirn parallel zur Immunantwort auf eine Grippe-Impfung anstieg. Inzwischen ist in mehreren Studien nachgewiesen, dass die „Killer-Zellen" des Immunsystems bei Meditierenden deutlich aktiver sind als bei Kontrollgruppen (Greeson 2009). Sogar bei HIV/AIDS zeichnen sich solche Wirkungen ab und werden erforscht.

Wer also häufig unter Infektionskrankheiten leidet, zum Beispiel Grippe oder Erkältungen, kann sein Immunsystem aktiv durch Meditation stärken. Den gleichen Effekt versprechen manche Medikamente, die zumeist aus der Kräutermedizin stammen. Dabei darf nicht vergessen werden, dass traditionelle Ärzte diese Kräuter sehr gut kannten, ihren Patienten trotzdem Meditation verordnet haben und keine „Pillen". Es kann vermutet werden, dass sie dem wirksameren Mittel den Vorzug gaben und sich dabei auf Jahrhunderte der Erfahrung stützten. Dabei war es nicht so, dass diese Ärzte auf Vorsorgemaßnahmen angewiesen waren, weil sie kein Mittel gegen Infektionen gehabt hätten. Aus alten Berichten wissen wir, dass schon in den antiken Hochkulturen und in noch früheren Zeiten ein Extrakt aus verschimmeltem Brot oder verschimmelte Lappen gegen infizierte Wunden eingesetzt wurde. Die Tempelritter hatten die Methode im 13. Jahrhundert von den Arabern erlernt und nach Europa gebracht, wo sie wieder vergessen wurde. Alexander Flemming (1881–1955) entdeckte schließlich, dass der Schimmelpilz Penicillium notatum Bakterien abtöten kann. Für das Antibiotikum Penicillin erhielt er 1945 den Nobelpreis. Flemmings Entdeckung bestätigte also das alte Wissen um die heilsame Wirkung von Schimmel auf Infektionen. Genauso dürfte es sich lohnen, Anwendungen der Meditation in der traditionellen Medizin vorurteilsfrei zu betrachten.

Bisher wenig beachtet wurden Anwendungen von Meditation in Ruhe und Bewegung für die Gesunderhaltung alter Menschen. Im Fernsehen werden alte Chinesen gezeigt, die in Parks ihr tägliches Qigong oder Tai Chi (nach neuer Umschrift: Taiji) praktizieren oder still versenkt im Gras oder auf einer Parkbank sitzen. Die weitaus meisten Chinesen beginnen erst im Rentenalter mit Meditationsübungen. Dahinter steht die Erfahrung, dass alte Menschen anfälliger für Infektionen sind. Auch depressive Erkrankungen nehmen im Alter zu, Meditation ist ein bewährtes Mittel dagegen (Kabat-Zinn 2009). Die Schulung von Achtsamkeit in der stillen Meditation, das Erlernen und sehr exakte Ausführen der Meditation in Bewegung aktiviert das Gehirn, wie an vielen Stellen in diesem Buch belegt wurde. Die Entwicklung von „Sati" (Achtsamkeit) hat nach alter Erfahrung eine durchgreifend positive Wirkung auf das Gedächtnis (Nauriyal 2006). Viele Mönche in buddhistischen Klöstern können auch mit 80 oder 90 Jahren noch Sutren rezitieren, die umfangreicher als die Bibel sind, und diese Menschen lernen noch immer neue Texte hinzu. Im traditionellen Denken Asiens ist unbestritten, dass Menschen erst im hohen Alter ihre volle geistige Leistungsfähigkeit entfalten. Diese Sicht steht im drastischen Kontrast zu den westlichen Vorstellungen über alte Menschen, die inzwischen auch durch die westliche Forschung als Vorurteil und Irrtum entlarvt werden (Cohen 2006).

Sati verändert auch die Beziehung zum Körper und zu den Bewegungen. Viele alte Menschen sind von Stürzen bedroht, erleiden dabei schwere Verletzungen oder sterben sogar als Folge davon. Die Fähigkeit zur Achtsamkeit könnte diesen Menschen helfen. Sie hilft nicht nur Ablenkungen oder Gedankenblitze auszublenden, die dann zum falschen Schritt und zum Unfall führen, Sati ist vor allem die Fähigkeit, Schritt für Schritt im „Hier und Jetzt" zu handeln, Ängste und Befürchtungen mit Gleichmut zu betrachten. Achtsame Menschen werden nicht mehr „vom Blitz getroffen", wenn ihnen der vergessene Arzttermin oder das Geschenk für die Enkel einfällt. Sie reagieren gelassener und verhalten sich entsprechend, sie gehen weiter ruhig auf der Treppe oder stürzen nicht blindlings auf die Straße.

Ich bin vielen alten Menschen begegnet, denen Meditation helfen könnte, die mir jedoch sagten: „Das lohnt sich doch für mich nicht mehr." Sechzig- oder Siebzigjährige, die das behaupten, haben nicht verstanden, was ein Durchschnittsalter von 80 Jahren in den Industriestaaten bedeutet. In diesen Durchschnitt fließen nämlich auch die jungen Menschen ein, die früh aus dem Leben gerissen werden. Wer einmal alt geworden ist, wird mit großer Wahrscheinlichkeit 90 Jahre oder älter. Siebzigjährige haben also noch für 20 Jahre zu planen, in denen sie sich sogar noch zum Meditationsmeister entwickeln können und dabei ihre Gesundheit aktiv pflegen. Es lohnt sich also in jedem Fall!

Die Wechselwirkungen von Gehirn und Körper werden durch die psychosomatische Medizin erforscht, die modernen Ergebnisse revolutionieren auch hier unsere Sicht (Rüegg 2010). Es zeichnet sich ab: Die alten Lehren Asiens erklären sich mit der westlichen Wissenschaft.

Die Praxis der Meditation

Für viele Menschen scheitert das Interesse am Meditieren an ganz praktischen Problemen des Alltags. Der Tag ist angefüllt mit Aufgaben und Verpflichtungen, ein Termin jagt den nächsten. Doch die Zeit zum Meditieren fehlt nur scheinbar. Viele haben, wenn sie an Meditation denken, sofort das Bild von stundenlang meditierenden Mönchen im Kopf, sehen also von vorneherein bestimmte Techniken im Vordergrund. Natürlich kann es sich kaum jemand leisten, mehrere Stunden am Tag mit Meditationsübungen zu verbringen. Es ist allerdings ein Missverständnis, dass dies notwendig wäre – Meditation ist nämlich keine Technik, sondern ein Lebensstil.

Jeder Mensch hat ein völlig frei verfügbares Zeitfenster, das sogar ideal zum Meditieren ist: Die Zeit vor dem Einschlafen. Seit alters her ist unbestritten, dass Meditieren zu Beginn oder am Ende des Schlafs die besten Ergebnisse bringt. Die Zeit vor dem Einschlafen ist besonders geeignet, weil sie einen ganz natürlichen Abschied von den Zwängen des Lebens darstellt. Der Schlaf ist eine Zeit, die wir ganz allein für uns haben. Bis er kommt, können wir im Bett liegend meditieren. Die Technik sorgt sogar dafür, dass der Schlaf mit Ruhe und Entspannung besser kommt. Wer dabei sogar einschläft, hat es richtig gemacht.

Ein weiteres Missverständnis ist, dass Meditierende sitzen, sogar in ziemlich ungewohnter Sitzhaltung. Tatsächlich ist das Liegen die beste Meditationshaltung, denn das Liegen erlaubt vollständige Entspannung. Allerdings meditieren asiatische Mönche häufig über viele Stunden und führen dabei verschiedene Übungen aus. Im Liegen würden sie dann einschlafen, deshalb sitzen sie. Außerdem meditieren asiatische Mönche gerne in Gruppen. Die Sitzmeditation geht dabei einfach sparsamer mit der Fläche um und vermeidet unangenehme Begegnungen von Köpfen und Füßen. Die Meditation im Liegen ist eine individuelle Übung. Wir sehen sie selten, denn sitzende Mönche liefern einfach bessere Bilder für das Fernsehen.

Meditation ist keine Religion und von religiösen oder Glaubensfragen völlig unabhängig. Trotzdem kommt auch dieses Buch nicht ohne Verweise auf den Buddhismus oder Daoismus aus. Hier gibt es einfach einen großen Schatz von Erfahrung, den Angehörige anderer Religionen nutzen können. Ich kenne auch Atheisten, die jede Religion ablehnen und zur eigenen Selbstverwirklichung meditieren.

Viele Menschen kommen durch persönliche Krisen, Zusammenbrüche durch Stress oder psychische Krankheiten zur Meditation. Das ist auch aus traditioneller Sicht nicht ungefährlich. Solche Menschen sollten Hilfe bei staatlich anerkannten Therapeuten suchen. Die Techniken der Meditation sind dabei häufig ein nützlicher Begleiter. Es gibt Meditationsprogramme, die im Rahmen einer Therapie deutliche und nachprüfbare Wirkungen entfalten. Burkhard (2010) und Kabat-Zinn (2009) haben solche Programme beschrieben. Der Druck der Krankheit rechtfertigt dabei einigen Aufwand, vor allem an Zeit.

Das im Folgenden beschriebene Meditationsprogramm steht nicht unter dem Druck einer Krankheit. Es kann entsprechend langfristig betrieben werden und muss keine allzu großen Forderungen an den Meditierenden stellen. Es eignet sich zur persönlichen Stressbewältigung, schafft Ruhe und Entspannung und stärkt nach eigener Erfahrung das Immunsystem. Ich meditiere seit über 30 Jahren auf diese Weise und beschreibe hier meine eigenen Erfahrungen. Die Techniken stammen aus dem chinesischen Daoismus und sind seit über 2 000 Jahren erprobt.

Im philosophischen Daoismus gibt es die zentrale Vorstellung vom „Handeln im Nichthandeln" (chinesisch: Wu Wei). Der Mensch soll möglichst keinen Einfluss auf natürliche Abläufe nehmen und nur im Fall von Störungen die natürliche Entwicklung wiederherstellen. Daoistische Meditation vertraut deshalb auf die natürliche Leistungsfähigkeit des Gehirns. Es wird eine Umgebung hergestellt, bei der sich der Meditierende ganz und gar auf seinen Körper konzentriert und Prozesse des Geistes sich selbst überlässt. Es gibt keine konkreten Vorstellungen oder Visualisierungen, die den Geist in eine bestimmte Richtung lenken wollen. Alles geht vom Körper aus und entwickelt sich von selbst. Im traditionellen China waren solche Techniken ein ganz normaler Teil der gesundheitlichen Vorsorge. Zur Meditation in Ruhe kam auch meditative Gymnastik in Bewegung, das auch im Westen inzwischen weit verbreitete Qigong.

Verwurzeln zwischen Himmel und Erde

Eine daoistische Meditation in Ruhe oder Bewegung beginnt mit der Verwurzelung in der Erde, dem Himmel und der Welt. Dahinter steht die Physik: Der Meditierende muss sechs Punkte an seinem Körper kennen, die einfach die mechanischen Schwerpunkte der Füße, der Hände und des ganzen Körpers sind. Jede physikalische Kraft, die an einem Schwerpunkt angreift, bewegt den Körper ohne Drehung oder Trudeln zu verursachen. Am Schwerpunkt steht ein Körper in Balance, er ist seine physikalische Mitte. Nehmen Sie einen Bleistift oder Besenstiel. Irgendwo nahe der Mitte ist ein Punkt, an dem Sie ihn auf dem Finger balancieren können ohne dass er nach einer Seite kippt. Das ist der Schwerpunkt. Nach dieser Mitte suchen wir im Körper.

Der Grund für diese Suche liegt in den Gesetzen der Mechanik. Auch das Gehirn muss die Physik beachten, wenn es den Körper steuert. Bei jeder Bewegung bewegt es Schwerpunkte, besonders wichtig sind dabei der Schwerpunkt des gesamten Körpers und die Schwerpunkte der Hände und der Füße. Dazu kommt der höchste Punkt auf dem Kopf. In diesem Rahmen spielen sich die Bewegungen des Körpers ab. Vor dem Hintergrund der Spiegelneuronen macht es deshalb Sinn, diese Punkte ins Bewusstsein zu heben. Sie sind zentral für die Wahrnehmung des Körpers, seiner Handlungen und seine mechanische Stabilität. In dieser Funktion haben die Punkte also eine technische Bedeutung. Häufig werden ihnen „höhere" Eigenschaften zugewiesen, nach den Konzepten der Akupunktur und manchmal ist sogar die Rede von „magischen Funktionen". Der Meditierende muss sich darauf nicht einlassen. Zum Einstieg in die Literatur benenne ich die Punkte auch mit ihren Bezeichnungen aus der Akupunktur. Der Daoismus benutzt sie als anatomisches Referenzsystem, das auch in vielen Werken über Meditation zum Einsatz kommt. Abbildungen und Beschreibungen dieser Punkte haben Kürten et al. (2007) vom St.-Hedwig-Krankenhaus Berlin gratis ins Internet gestellt (www.tcm-buch.de).

Die Schwerpunkte der Hände und der Füße kennen die meisten Menschen gut. Wir massieren sie, wenn Hände oder Füße müde sind oder wehtun. Der Schwerpunkt der Hand liegt im Handteller (nicht auf dem Handrücken) zwischen den Knochen, die vom Mittel- und Ringfinger in den Handteller ziehen. Machen Sie nun eine enge Faust. Da wo sich die Linie der Fingerspitzen mit der Linie zwischen den Fingerknochen schneidet, liegt der gesuchte Punkt. Die Akupunktur nennt ihn Laogong (Pericardium 8), was übersetzt Tempel oder Palast der Arbeit heißt.

Der Schwerpunkt des Fußes liegt auf der Grenze zwischen dem vorderen und mittleren Drittel der Fußsohle (ohne die Zehen), recht genau in der Mitte des Fußes. Dort ist eine Vertiefung in der Fußsohle deutlich tastbar. Die Akupunktur nennt ihn Yongquan (Nierenmeridian 1), die sprudelnde Quelle.

Der Schwerpunkt des ganzen Körper befindet zwischen den Beckenschaufeln, die seitlich unter den Hüften tastbar sind. Legen Sie drei Finger einer Hand unter den Bauchnabel. Markieren Sie nun mit einem Finger der anderen Hand genau auf der Mittellinie des Bauches einen Punkt im Anschluss an die Finger. Diesen Punkt bezeichnen Daoisten als unteres Dantian, das untere Zinnoberfeld. Darunter, im Bauchraum, befindet sich der physikalische Schwerpunkt des Körpers beim aufrecht stehenden Menschen.

Nun fehlt noch der höchste Punkt des Körpers. Idealerweise ist das der Punkt Baihui (Du Mai 20), die „Zusammenkunft aller Leitbahnen". Er befindet sich auf der Mittellinie des Schädels. Verbinden Sie die Spitzen der Ohren auf dem kürzesten Weg über diese Mittellinie hinweg. Am Schnittpunkt beider Linien können Sie mit den Fingernägeln einen Punkt ertasten, der besonders schmerzempfindlich ist. Wenn Sie ihn gefunden haben, experimentieren Sie bitte nicht länger. Zuviel Druck auf Baihui kann zahlreiche Irritationen und sogar Kopfschmerzen hervorrufen. Damit Baihui der höchste Punkt beim aufrecht stehenden Körper ist, wird das Kinn mit einer Kopfbewegung leicht nach hinten und nach oben gezogen, wodurch sich die Halswirbelsäule leicht streckt. Dabei wandert auch der Blick leicht nach unten. Diese Kopfhaltung wirkt übrigens besonders sympathisch auf andere Menschen. Sie ist nicht „hochnäsig" und auch nicht unterwürfig. Gute Fotografen und Stilberater kennen dieses kleine Geheimnis. Auch Mannequins gehen so über den Laufsteg.

Nun müssen die Punkte physikalisch zueinander in Beziehung kommen. Stellen Sie sich aufrecht hin, die Füße eng zusammen, lassen Sie die Arme und die Schultern locker hängen und strecken Sie die Wirbelsäule möglichst gerade. Machen Sie Baihui zum höchsten Punkt des Körpers indem Sie das Kinn leicht zur Brust rotieren und dabei den Nacken etwas strecken.

Sie spüren nun einen Zug nach hinten und stehen nicht stabil. Das Dantian liegt in dieser Haltung nämlich über den Fersen. Nach der physikalischen Mechanik kippt ein Körper, wenn sein Schwerpunkt (hier Dantian) über die Standfläche, also die Fußsohlen, hinauswandert. Beugen Sie deshalb leicht die Knie. Sie können beobachten und spüren, wie sich Dantian in die Senkrechte über den Punkten Yongquan der Fußsohlen bewegt. Wenn das der Fall ist, entsteht ein maximal stabiler Stand. Allerdings schwanken Sie wahrscheinlich schon nach links und rechts. Verlagern Sie nun Ihr Körpergewicht auf die Zehen und rotieren Sie die Fersen nach außen, bis die Innenseiten der Füße ungefähr im rechten Winkel (90 Grad) zueinander stehen. Dann verlagern Sie Ihr Körpergewicht auf die Fersen und rotieren die Zehen nach außen, bis sie ungefähr unter den locker herabhängenden Händen stehen. Mit etwas Probieren spüren Sie, in welchem Winkel genau Ihre Füße stehen müssen. Sie haben dann ein besonders standfestes Gefühl, die Fußsohlen sind auf ihrer ganzen Fläche gleichmäßig belastet.

Prüfen Sie nun die Lage von Baihui, beugen Sie die Knie, damit Dantian und die Yongquan wieder in einer senkrechten Ebene stehen. Wenn Sie noch einen Zug nach hinten oder vorn spüren, liegt es meist an den Schultern oder einer noch zu krummen Wirbelsäule. Nehmen Sie die Schultern dann leicht zurück und richten Sie sich etwas auf. Im Qigong wird dabei ein Bild benutzt: Stellen Sie sich vor, Sie hingen an einem Faden der an Baihui befestigt ist. An diesem Faden ziehen Sie, um den Körper aufrecht zu stellen.

Nun befinden sich alle sechs Punkte in einer Ebene, die durch den Schwerpunkt der Standfläche schneidet. Physikalisch betrachtet, können Sie nicht stabiler stehen. Die Gewichtskraft des Körpers wirkt jetzt in der Achse der Beine. Auch sie wird also optimal in den Boden abgeführt, ohne seitlich wirkende Kräfte. Daoistisch ausgedrückt: Sie sind zwischen Himmel und Erde verwurzelt, Ihre Hände sind bereit zur Verbindung mit der Welt.

Dieser „schulterbreite Stand" ist der Ausgangspunkt für die Meditation in Ruhe und Bewegung. Experimentieren Sie damit und spüren Sie Ihre Körpermechanik. Merken Sie sich das Körpergefühl im schulterbreiten Stand. Genau so legen wir uns auf dem Rücken ins Bett, für die Meditation in Ruhe. Das stabile Körpergefühl entsteht nämlich auch im Liegen und vermittelt Sicherheit.

Beim Meditieren schließen wir die Augen und praktizieren die Techniken Schritt für Schritt, am Ende alle gleichzeitig. Wir schaffen dafür eine ruhige und sichere Umgebung und erwarten keine Störungen durch Anrufe, Besucher oder Termine. Das ist beim Schlafengehen ohnehin der Fall und also leicht zu erreichen. Wir legen uns hin, finden Ruhe, entspannen den Körper zunächst einmal als Ganzes. Dann beginnt die Meditation. Machen Sie sich die Punkte Yonquan, Laogong und Baihui bewusst. Sie bilden den Rahmen des Körpers, in dem Sie sich aufhalten. Alles außerhalb dieses Rahmens hat nun keinerlei Bedeutung mehr.

Beim Meditieren im Liegen können wir unter der Bettdecke liegen. Bei fortgeschrittenen Meditierenden entwickelt der Körper häufig eine starke Durchblutung und große Wärme, dann kann die Bettdecke störend sein. Das

Kopfkissen ist sehr wichtig: Wenn der Körper voll entspannen kann, tragen ihn auch keine Muskeln mehr und schützen ihn auch nicht mehr gegen Druck von außen. Ein kleines Knäuel im Federkissen kann gegen den Kopf drücken wie ein Stein und wird auch so empfunden. Besonders Druck an der Schädelbasis kann starke Kopfschmerzen entstehen lassen. Deshalb sollte das Kopfkissen keilförmig unter der Schulter beginnen und leicht nach hinten ansteigen. Keilkissen aus festem Schaumstoff sind geeignet, aber auch ein sorgfältig geformtes und glatt gestrichenes Federkissen.

Den Atem lenken

Der Atem, das Luftholen, spielt in allen meditierenden Traditionen eine zentrale Rolle. Es gibt zahlreiche Atemtechniken, die unterschiedliche Absichten verfolgen. In der Meditation wird die unbewusste Atmung durch bewusst ausgeführte Atmung ersetzt. Der Geist gewinnt damit ein wertneutrales Ziel für seine Achtsamkeit. Die Konzentration auf den Atem ist das Übungsfeld für die Schulung von Achtsamkeit. Dabei ist in den traditionellen Schriften von der Lebensenergie Qi die Rede. Wir haben gesehen, dass dahinter massive Veränderungen in der Produktion von Dopamin und Noradrenalin stehen. Der Meditierende gewinnt die Kontrolle über seinen Körper, er erlebt eine Steigerung seiner Konzentrationsfähigkeit und kann sich eine positive Grundstimmung schaffen. Das zweite Ziel ist eine gesunde und effektive Atmung, die möglichst wenige Muskeln einbezieht. Die Muskeln des Körpers werden im nächsten Schritt der Techniken entspannt. Wenn aber viele Muskeln die Atmung unterstützen, fallen sie für die Entspannung aus.

Der Meditierende beginnt mit einer Atemtechnik, die zunächst mechanisch geübt werden muss. Im Lauf der Praxis soll diese Atmung „natürlich" werden, sich an die Bedürfnisse des Körpers anpassen. In der Meditation wird sie immer bewusst ausgeführt. Der Meditierende muss dabei lernen, wie viel Luft der Körper braucht und wie abgeatmet werden muss. Dabei übernimmt das Bewusstsein die Steuerung einer unmittelbar lebenswichtigen Funktion des Körpers. Ein Verlust der Atmung führt zum Tod. Falsche Atmung hat sehr rasch negative Konsequenzen von Atemnot, Schwindel bis hin zur Bewusstlosigkeit. Deshalb gibt es unbewusste Schutzreflexe, die bedarfsgerechte Atmung erzwingen. Werden diese Schutzreflexe aktiviert, entstehen auch Gefühle von Angst und Beklemmung.

Der Meditierende schließt ein Bündnis mit seinem eigenen Körper. Sein Bewusstsein übernimmt die Steuerung der Atmung und sucht dabei Vertrauen und Zusammenarbeit mit dem unbewussten Atemzentrum. Die Atemtechnik darf deshalb niemals erzwungen werden. Sobald der Körper Unwohlsein meldet, überlassen wir die Atmung der unbewussten Steuerung. Dann wird wieder die Atemtechnik praktiziert. Dabei muss der Meditierende aufmerksam auf die Signale seines Körpers hören. Nach überraschend kurzer Zeit funktioniert das reibungslos, die Atemtechnik wird nicht mehr nach Schema und Regeln betrieben und wird damit „natürlich".

Meditierende praktizieren in der Regel eine Bauchatmung. Die normale Bauchatmung geht vom Zwerchfell aus, das den Brustraum nach unten verschließt. Es erzeugt einen Unterdruck, der Luft in die Lungen zieht. In der Meditation erzeugen wir diesen Unterdruck mit den Bauchmuskeln. Dabei wird der Bauch unterhalb des Bauchnabels hinausgedrückt, ein Unterdruck entsteht und Luft strömt in die Lungen. Beim Ausatmen wird der Bauch ebenso bewusst und aktiv eingezogen, wodurch die Luft aus den Lungen strömt.

Bei der Atmung soll sich nur die Bauchdecke bewegen. Der Brustkorb bleibt in Ruhe. Beim Üben hat es sich bewährt, beide Handflächen auf den unteren Teil des Brustbeins zu legen, das auf der Mittellinie des Körpers die Rippen verbindet. Die Ellenbogen bleiben auf der Unterlage, auf der der Körper liegt. Die Hände liegen locker auf und dienen einzig der Kontrolle. Falls sich der Brustkorb zu Beginn der Übungen noch bewegt, sollen die Hände die Bewegung einfach mitmachen und nicht aktiv behindern. Das Bündnis mit dem Körper wird ohne Zwang geschlossen.

Der Rhythmus der Atmung ist sehr wichtig. Normalerweise sollte das Ausatmen etwa doppelt so lange dauern wie das Einatmen. Das ist auch Kenntnisstand aus dem Sport und der westlichen Medizin. In der daoistischen Praxis wird dieser Rhythmus durch eine Visualisierung erreicht. Wir atmen durch die Nase ein und stellen uns vor, die Luft auf der Körperoberfläche über die Zentrallinie des Körpers ins Dantian zu führen. Wir atmen in unsere Mitte, wo nun auch die Muskelbewegungen für die Atmung stattfinden. Beim Ausatmen führen wir den Atemstrom weiter auf der Mittellinie des Körpers nach unten, zwischen den Beinen hindurch, die Wirbelsäule hinauf, über die Mittellinie des Kopfes wieder zur Nase hinaus. Die Strecken Nase – Dantian (Einatmen) und Dantian – Rücken – Nase (Ausatmen) verhalten sich ungefähr zwei zu eins. In der traditionellen Lesart ist das der „kleine Kreislauf des Qi".

Zu Beginn der Übung kann die ganze Strecke des „kleinen Kreislauf" für einen Atemzyklus zu lang sein. Es ist entscheidend, dass der ganze Weg mit Achtsamkeit verfolgt wird. Diese Achtsamkeit muss sich aber erst entwickeln.

Außerdem ist es ungewohnt, Achtsamkeit auf etwas zu richten und es dabei nicht mit den Augen zu verfolgen. Die Augen sollen aber entspannt und völlig unbeteiligt sein. Nur der Geist lenkt den Atem über den Körper und zwar in aller Ruhe. Wer den ganzen Kreislauf mit einem Atemzyklus nicht bewältigen kann, führt ihn in zwei Atemzyklen aus. Das bedeutet: einmal Ein- und Ausatmen für die Strecke Nase – Dantian, der zweite Zyklus für die Strecke Dantian – Rücken – Nase. Dabei soll das Ausatmen länger dauern als das Einatmen, damit der Gashaushalt des Körpers nicht gestört wird.

Neben der Atmung hat der „kleine Kreislauf" noch weitere und wichtige Wirkungen. Er schafft nämlich ein starkes Bewusstsein für die Mitte des Körpers und die Trennung in die linke und die rechte Seite. Damit ergibt sich auch ein Training für die linke und rechte Hirnhälfte, das der Daoismus sehr konsequent betreibt. Dieser Aspekt der Meditation ist bisher wenig erforscht. Er führt allerdings zu Fähigkeiten im Zusammenspiel zwischen linker und rechter Hirnhälfte, die äußerst ungewöhnlich und nützlich sind (vgl. z.B. Lutz et al. 2004; Carter et al. 2005).

Der zweite Effekt der Atemtechnik wird in den daoistischen Schriften stark betont: Die Massage des Darms durch die Bauchbewegungen. Eine naturwissenschaftliche Betrachtung dazu ist mir nicht bekannt. Denkbar wäre eine Beeinflussung des Neurotransmitters Serotonin, der im Darm stark umgesetzt wird und für eine positive Grundstimmung sorgt. Ebenso wichtig ist wahrscheinlich eine Unterstützung der Darmtätigkeit, die im Zug von tiefer Entspannung und mit dem sinkenden Blutdruck in der Meditation unerwünscht absinken könnte. Jedenfalls kann sich die Darmtätigkeit mit der beschriebenen Atemtechnik deutlich steigern. Deshalb ist ein Besuch der Toilette vor der Meditation empfehlenswert.

Einsteiger bei meditativen Atemtechniken haben häufig das Problem, dass sie nach kurzer Zeit nicht genügend Luft bekommen. Es darf nicht vergessen werden, dass die Bauchmuskeln nun eine völlig ungewohnte Aufgabe erfüllen sollen. Sie müssen erst trainiert werden. Außerdem verändern sich mit der Übung auch die Gebiete im Hirnstamm, die Herz und Atmung regulieren (Vestergaard-Poulsen et al. 2009). Später, meist schon innerhalb von Wochen, verschafft die Atemtechnik genügend Luft auch für leichte Tätigkeiten im Alltag. Je häufiger und länger der Meditierende das Atmen übt, desto schneller geht es.

Wenn der Meditierende die erste Stufe der Versenkung erreicht hat und der „Dopamin-Motor" angesprungen ist, wird die Atemtechnik leicht geändert. Nun atmet der Meditierende zu Beginn nur in sein Dantian und „sammelt dort sein Qi" beim Ausatmen. Das ist erkennbar an einem zunehmenden Wärmegefühl, einer Steigerung der Durchblutung mit der Produktion von Noradrenalin. Erst wenn sich das Wärmegefühl im Bauch angesammelt hat, wird der Atem im kleinen Kreislauf geführt.

Bei fortgeschrittenen Meditierenden entsteht häufig eine Wahrnehmung des eigenen „Qi", als wäre eine Flüssigkeit, die eine bestimmte Farbe hat, tatsächlich im visualisierten Kreislauf unterwegs. Die „Farbe des Qi" ist in der traditionellen chinesischen Medizin seit alters her ein Begriff. Sie ändert sich mit dem Wohlbefinden oder mit Krankheiten. Der Hintergrund für diese Wahrnehmung ist wissenschaftlich unbekannt.

Gedanken beruhigen

Nach asiatischer Auffassung ist echte Entspannung ohne Beruhigung des Geistes unmöglich. Deshalb werden nun die Gedanken beruhigt, der „mentale Lärm", das ständige

Aufkommen von Gedanken beseitigt. Wer das einfach findet, mache einen Versuch: Hören Sie einfach auf zu denken. Ungeübte können das normalerweise nur einige Sekunden. Dann tauchen wieder Worte, Melodien oder Vorstellungen in den Gedanken auf. Zumindest entsteht der Satz: „Ich will nicht denken."

Die Beruhigung des Geistes entsteht durch Konzentration und eine gleichmütige Betrachtung der aufkommenden Gedanken. Sie werden ohne Leidenschaft wie von außen beobachtet, aber nicht weiter verfolgt, nicht bewertet und auch nicht wichtig genommen. Die Achtsamkeit gehört der Atmung, nicht den Gedanken. Der Zen-Buddhismus hat dafür einen schönen Ausdruck: „Die Gedanken ziehen lassen wie Wolken am Himmel." Irgendwann ziehen diese Wolken einfach weg und dann herrschen Ruhe und Schweigen im Geist. Allerdings lässt sich das nicht erzwingen. Der Versuch der Unterdrückung scheitert und führt zu Verkrampfungen, also zu neuem Denken. „Den Geist beruhigen" trifft es genau: Der Meditierende nimmt eine Auszeit von den Dingen, die seine Gedanken bewegen. Die Außenwelt ist dabei unwichtig; alles was geschieht wird ohne Gefühl mit Gleichmut zur Kenntnis genommen, nicht bewertet und nicht weiter verfolgt.

Der Verzicht auf Bewertungen ist dabei äußerst wichtig. Nichts ist gut oder schlecht, Erfolg oder Versagen. Es geschieht einfach und wird damit zur Realität. Wie das Ereignis zu bewerten ist, wird dabei gleichgültig, wir müssen ohnehin damit leben und die Fakten akzeptieren. Der Verzicht auf schnelle Bewertungen öffnet auch die Tore für eine differenzierte Sicht. Ein Fehler kann viele Ursachen haben, oft auch eine gute, aber fehlgeschlagene Absicht. Das schnelle Lospoltern bringt nichts. Eine differenzierte Sicht führt zur Lösung des Problems und hält sich nicht mit Wehklagen auf.

Wer sich selbst zuhören kann, geduldig und ohne schnelle Leidenschaft, kann auch anderen Menschen besser zuhören. Wie schnell entstehen Konflikte, weil jemand etwas sagt, das Gesagte schnell bewertet wird und die eigene Meinung schon gefasst ist, bevor der andere seinen Satz beendet hat? Wir „wissen" was der andere sagen will, bevor der andere es ausgesprochen hat. Die eigenen Erwartungen und Befürchtungen beherrschen das Denken und lassen dem anderen Menschen keinen Raum. Solche Konflikte sind überflüssig und erzeugen Stress und Missverständnisse. Ein beruhigter Geist verschafft sich die Zeit für angemessene Gefühle und trifft Entscheidungen erst, wenn die ganze Information geflossen ist.

Die Beruhigung des Geistes in der Meditation betrifft auch Störungen von außen, die meist durch Geräusche verursacht werden. Sie erzeugen Erschrecken, Neugier was da wohl geschieht oder negative Gefühle wegen der Störung. All das ist überflüssig. In der Meditation werden auch Einflüsse von außen gleichmütig zur Kenntnis genommen, ziehen gelassen und nicht bewertet. Um diese innere Haltung zu entwickeln, gibt es zwei Techniken. Bei der ersten bleibt die Konzentration einfach bei der Atemtechnik und beim Körper. Die Störung wird gleichmütig ignoriert. Wer das nicht kann, sollte die störenden Geräusche bewusst betrachten, gleichmütig zur Kenntnis nehmen aber nicht bewerten. Dabei wird weiter die Atemtechnik praktiziert. Die bewusste Wahrnehmung führt zu dem Gefühl, dass hier nichts weiter Wichtiges geschieht. Die Konzentration kann sich wieder den eigentlichen Aufgaben zuwenden.

Nicht zu denken ist eine Fähigkeit, die sich mit fortschreitendem Training immer besser entwickelt. Das Ziel liegt im Unendlichen. Fortgeschrittene Meditierende können eine Stunde oder mehr ohne Gedanken verbringen. Sie können auch im Alltag ihr Denken abschalten und damit aus der Intuition heraus spontan handeln. Darin liegt ein wesentlicher Grund, weshalb Meditation einen besseren Umgang mit Stress ermöglicht. Stress entsteht nämlich häufig durch negative Erwartungen und Befürchtungen, was passieren könnte. Diese Erwartungen sind unproduktiv, denn sie lenken von den eigentlichen Aufgaben ab, kosten damit Zeit, beanspruchen Leistungsfähigkeit und erhöhen den sowieso schon bestehenden Druck. Außerdem haben Erwartungen einen selbstverstärkenden Effekt. Oft verstellen sie den Blick für das, was dann wirklich eintritt, weil die Wahrnehmung nur noch die Bestätigung für die Erwartungen sucht. Diesen Teufelskreis durchbricht die Meditation, indem sie auf Bewertungen und Befürchtungen verzichtet. Dabei verschwinden auch viele Ängste und mit der Zeit sogar Phobien (zwanghafte Ängste). Der Meditierende entwickelt „Sati", den Torwächter gegen unangemessene und schablonenhafte Gefühle.

Entspannung

Das Bewusstsein für den eigenen Körper ist äußerst wichtig. Deshalb befassen sich Meditierende aller Traditionen intensiv damit. Der Körper wird dabei mit Achtsamkeit regelrecht durchleuchtet, während gleichzeitig die Atemtechnik ausgeführt wird. Jede kleine Stelle wird langsam und geduldig abgetastet, bewusst wahrgenommen und durchsucht. Dabei wird der Körper Stück für Stück entspannt. Nach daoistischer Auffassung beginnen Rechtshänder dabei mit der linken Körperseite, Linkshänder mit der rechten. Zu Beginn der Übung steht nämlich mehr Konzentration zur Verfügung als am Ende. Die größeren Reserven werden also der weniger trainierten Körperseite gewidmet.

Die Entspannungsübung beginnt oben am Kopf und wandert dann die erste Körperseite hinunter. Langsam und mit viel Geduld wird Muskel für Muskel „losgelassen" und entspannt. Die Übung wandert über das Gesicht, den Hals, zu den Schultern und den Armen. Dann wandert die Achtsamkeit zur Brust, den Bauch hinab, dann zum Rücken hinunter bis zum Gesäß, von dort zu den Beinen bis zu den Zehen. Anschließend beginnt die gleiche Prozedur auf der anderen Körperseite.

Dem Körper gehört dabei die volle Aufmerksamkeit und beliebig viel Zeit. In den Programmen für Patienten bekommt dieser „Body Scan" 45 Minuten zugewiesen. Das ist für Einsteiger eine manchmal zermürbende Geduldsprobe. Aber die nötige Konzentration entwickelt sich rasch. Es entsteht ein wirklich angenehmes Gefühl, das allein die Übung wert ist. Wenn Einsteiger diese Technik lernen, werden sie vom Lehrer häufig mit Worten langsam durch den Körper geführt. Das ist ein guter Wegweiser. Wer nicht unter dem Druck einer Krankheit steht, kann sich in seinem eigenen Tempo entwickeln und ist nicht auf schnelle Erfolge angewiesen.

Ein Problem entsteht noch mit dem Mund und dem Kiefer. Wenn nämlich auch hier die Muskeln entspannt werden sollen, dann klappt der Kiefer einfach auf und der Mund steht offen. Das ist unangenehm, vor allem weil der Mund rasch austrocknet. Deshalb wird die Zunge an den Gaumen hinter die oberen Schneidezähne gelegt, die Lippen vorher befeuchtet und geschlossen. Eine kleine Schluckbewegung erzeugt dann einen leichten Unterdruck im Mundraum. Dieser Unterdruck reicht aus um auch einen völlig entspannen Kiefer zu tragen und den Mund geschlossen zu halten. Perfekt ist es, wenn nur die Zunge diesen Unterdruck hält, denn auch die Lippen sollen entspannt werden.

Die Fähigkeit sich „auf Kommando" entspannen zu können ist unbestreitbar wertvoll. Es dauert nicht lange, dann ist das auch im Alltag möglich. Was wirkliche Entspannung ist, erfahren allerdings nur fortgeschrittene Meditierende. Es dauert Jahre bis eine wirklich tiefe Entspannung erreicht ist. Das Schöne daran ist, das dieser Vorgang schon am ersten Tag der Übungen angenehm ist. Er wird nur einfach immer angenehmer, leichter und schneller erreichbar. Nichtsdestotrotz ist es wichtig auch nach vielen Jahren der Erfahrung seinem „Body Scan" die nötige Sorgfalt und Zeit einzuräumen.

Damit enden die Techniken der Meditation in Ruhe. Alles andere entsteht von allein. Dabei müssen sich Meditierende auch von Zielvorstellungen lösen, sich damit nicht unter Druck setzen. „Absichtsloses Handeln" ist ein entscheidendes Lernziel, aus dem heraus der Fortschritt entsteht. Auf dem Weg der Meditation gilt in aller Härte der Satz: „Was ich erreichen will, das rückt in weite Ferne. Was ich festhalten will, dass verliere ich." Es ist eine unzählig oft gemachte Erfahrung, dass Strebsamkeit und Willen den Fortschritt der Meditation behindern und oft sogar unmöglich machen. Die einzige Anstrengung, die der Meditierende machen kann, ist die möglichst tägliche und sorgfältig ausgeführte Übung. Dann kommt der Fortschritt von allein und oft nach überraschend kurzer Zeit.

„Leben in jedem Atemzug"

Die Meditation in Ruhe ist nur der Anfang einer Praxis, die den ganzen Alltag durchziehen kann. Es gibt zahllose Zeiten am Tag, die für eine kurze Meditation genutzt werden können. Das ist immer dann der Fall, wenn die Aufmerksamkeit nicht allzu stark in Anspruch genommen wird.

Wartezeiten lassen sich mit schulterbreitem Sitzen auf einem Stuhl verbringen. Dabei müssen die Augen nicht geschlossen werden. Allein der beruhigte Geist und die Entspannungsübung wirken mit der Zeit wie erholsamer Schlaf. Ein Fußweg oder Spaziergang ist eine gute Gelegenheit für eine Meditation. Der beruhigte Geist nimmt die Umgebung sehr viel klarer und deutlicher wahr. Eine Treppe ist ein erstklassiges Übungsfeld für achtsames Gehen. Es gibt auch Techniken für Gehmeditationen, die der Fortgeschrittene erlernen kann.

Die Hausarbeit ist ebenfalls geeignet, weil sie meistens allein erledigt wird. Die Tätigkeiten werden dabei nicht „nebenbei" erledigt, während die Gedanken ganz woanders sind. Im Gegenteil: Jeder Schritt, jeder bewegte Teller in der Küche wird bewusst und achtsam wahrgenommen. Die „Wegkünste" im Zen-Buddhismus werden genauso betrieben und zielen damit auf den Alltag. Wer meditierend die Spülmaschine ausräumt oder den Besen führt, folgt tatsächlich einer alten Tradition. Der japanische Zen-Buddhismus stammt aus dem chinesischen Chan-Buddhismus, der der Legende nach im 6. Jahrhundert im Shaolin-Tempel entstand. Ein Schüler fragte einmal seinen Meister, wie er in die Geheimnisse des Zen eindringen könne. Der Meister antwortete: „Lerne den Fußboden zu wischen."

Solchen Übungen steht auch das alltägliche Leben im 21. Jahrhundert nicht im Weg. Fernsehen und Video gewinnen eine neue Qualität, wenn dabei Gedanken und Körper beruhigt und die Atemtechnik praktiziert wird. Wenn der Geist nicht mehr ständig bewertet oder erwartet, werden viele Horror- oder Kriminalfilme langweilig, weil sie auf billige Schreckeffekte setzen. Meditierende erschrecken nicht oder nicht so leicht. Witze auf Kosten anderer Menschen können sogar abstoßend werden. Dagegen wird vieles andere spannend, witzig oder interessant. Die Leistung guter Schauspieler können Meditierende tiefer auf sich wirken lassen, auch in Actionfilmen oder Krimis. Genauso verhält es sich mit der Musik. Wer sich nicht mehr ständig zensiert („Der Musikstil taugt nichts") kann eine ganz neue Welt entdecken. Es kommt nur darauf an, dass der Meditierende lernt, auf die innere Stimme zu hören und Veränderungen zulässt. Wie das funktioniert, zur Meditation und zum Lebensstil wird, beschreibe ich im folgenden Kapitel am Beispiel der Ernährung.

Die Versorgung des Gehirns

Die Ernährung des Meditierenden ist ein schwieriges Thema. Die Regeln der verschiedenen spirituellen Schulen sind nämlich häufig durch religiöse Vorstellungen oder Weltanschauungen überlagert. So wird ein überzeugter Buddhist niemals Fleisch essen, da das Töten fühlender Wesen im Buddhismus ein schweres Versagen ist. Ähnliche Grundgedanken gibt es auch im Yoga. Daoisten leben ebenfalls häufig vegetarisch, meist wegen der gesunden Ernährung. Fleisch hat nämlich viele Nachteile, was Verdaulichkeit und die enthaltenen Fette angeht. Christen haben neben den Essensvorschriften für bestimmte Tage oder der Fastenzeit vor allem eine Abneigung gegen Völlerei, die als „Todsünde" gilt. Aber auch der kulturelle Hintergrund und gesellschaftliche Zwänge bestimmen die Essgewohnheiten. So wundern sich viele Völker in Afrika und Asien, wenn Europäer keine Insekten oder Würmer essen. Immerhin zeigt sogar die westliche Ernährungswissenschaft, dass solche Kost ausgesprochen wertvoll ist.

Über alle Religionen oder Weltanschauungen hinweg, haben Meditierende doch gemeinsame Regeln für die Ernährung entwickelt: Wenig oder gar kein Fleisch, moderater Konsum von Zucker oder Alkohol, Eier in Maßen, dagegen viel Fisch, reichlich frisches Gemüse aller Art, getrocknetes oder frisches Obst, Pflanzenöl statt tierisches Fett und Butter, reichlich Hülsenfrüchte (Erbsen, Linsen, Bohnen) und Vollkornkost, also ungeschälter Reis oder ungeschältes Getreide. Dazu werden große Mengen Tee oder Wasser getrunken. Außerdem empfehlen alte Schriften einen Vorrat an ungesalzenen Nüssen oder „Studentenfutter", einer Mischung von verschiedenen Nüssen und Rosinen. Cashewnüsse werden in China besonders empfohlen. Die einzelnen Mahlzeiten sind klein und gut verteilt über den Tag, am Abend wird grundsätzlich wenig gegessen. Kurz gesagt: Der Meditierende ernährt sich nach den alten Regeln gesund, abwechslungsreich und würde dem Ernährungsberater große Freude machen!

Aber wie entscheidet der Meditierende, was genau er am heutigen Tag essen soll? Diese Frage ist nicht einfach zu beantworten, denn der Körper braucht nicht jeden Tag die gleichen Nährstoffe. Schon die Jahreszeiten haben hier großen Einfluss, je nachdem, ob es kalt oder warm ist, auch Aktivität und Ruhe sind entscheidend für den Nährstoffbedarf des Körpers. Bei jungen Menschen kommen noch die Wachstumsschübe hinzu, in denen der Körper „Baustoffe" braucht.

Intuitive Ernährung

Die Antwort auf die komplizierten Fragen der Ernährung ist eigentlich ganz einfach: Der Körper weiß was er braucht, wir müssen es nur hören. Die Meldung kommt mit „Lust" und „Appetit". Bewusste Menschen setzen sich nicht einfach an den Tisch und schlingen hinein, was dort gerade steht. Hausfrauen und Hausmänner lieben es, wenn die Familie am Frühstückstisch sagt: „Ich würde heute gerne das und das essen." Dann melden sie die Wünsche ihres Körpers an und drücken obendrein ihre Wertschätzung für die Arbeit in der Küche aus. Wenn die Familie dann noch in Ruhe isst, genießt, statt Masse zu schaufeln und sich von Terminen hetzen zu lassen, lebt sie noch gesünder und schafft Harmonie.

Meditierende bewundern die Kunst der Zen-Meister, die aus der Intuition heraus handeln und dabei ergreifende Werke schaffen. „Ich habe Lust auf …" zielt in die gleiche

Richtung, nämlich auf eine intuitive Ernährung. Leider ist auch diese Intuition häufig unter Angewohnheiten, schematischem Denken oder Bequemlichkeit verschüttet. Sie kann geweckt werden und das macht sogar Spaß! Intuitives Essen ist eine spannende und manchmal überraschende Methode. Wenn der Körper zum Beispiel nach Orangen verlangt und die Nachrichten am nächsten Tag das Aufkommen einer Grippewelle melden, scheint sogar „Übersinnliches" im Spiel. Woher weiß der Körper, dass er jetzt Vitamin C für sein Immunsystem braucht und Orangen dieses Vitamin in großen Mengen enthalten? Die Grundlagen für solche Erlebnisse sind ganz natürlich zu erklären und umso bewundernswerter.

Zuerst einmal hat der Körper einen großen Schatz von Erfahrung. Er „weiß", was im Essen enthalten ist. Die Verdauung schlüsselt nämlich alle Inhaltsstoffe der Nahrung auf und sortiert sie nach Brauchbarkeit. So entsteht eine chemische Analyse bis ins letzte Molekül und Spurenelement. Dabei weiß der Körper auch, was gerade gegessen wurde, wie das gerochen, geschmeckt und sich angefühlt hat. Diese Informationen und die chemische Analyse im Verdauungstrakt bilden eine Datenbank im Gehirn. Deshalb weiß der Körper, welche Nahrungsmittel welche Inhaltsstoffe liefern und in welchem Verhältnis sie zueinander stehen. Wenn ihm bestimmte Stoffe fehlen, kann er den Appetit auf bestimmte Nahrungsmittel lenken und so dafür sorgen, dass dem Körper die notwendigen Stoffe zugeführt werden.

Der Körper kann sogar noch mehr: Wenn er die Eigenschaften eines Nahrungsmittels immer wieder sieht, riecht, mit den Händen fühlt und dann seine chemische Analyse macht, kann er feine Unterschiede erkennen. Dann hat eine bestimmte Orange viel mehr Reiz als eine andere daneben.

Der Vitamin-C-Gehalt in Orangen unterliegt nämlich Schwankungen, je nach Anbau, Reife und Jahreszeit. Genauso verändert sich die Zusammensetzung aller anderen frischen Lebensmittel.

Den anderen Teil der Information für den „intuitiven Esser" liefert der Bedarf im Körper. Manche Stoffe werden dauernd und überall benötigt. Aber schon die Bewegung eines Muskels erzeugt genau dort einen Energiebedarf, der zügig aus der Nahrung gedeckt werden muss. Wenn der Körper Eiweiße aufbauen will, um den gleichen Muskel zu erneuern, braucht er dafür bestimmte Aminosäuren in einem bestimmten Verhältnis zueinander. Der Körper transportiert den Baustoff in der nötigen Menge an den richtigen Ort. Im Gehirn ist der Bedarf bekannt. Der geplante Umbau des Muskels erzeugt Appetit auf Fisch oder Milchprodukte, weil beide eiweißreiche Nahrung sind und die Aminosäuren liefern. Körperliche Anstrengung macht Appetit auf Brot oder Müsli, die als Brennstoff Kohlenhydrate enthalten, um die leeren Reserven wieder zu füllen.

„Intuitive Ernährung" müssen viele Menschen üben, denn sie haben meist gegessen „was auf den Tisch kommt". Kindern wird das intuitive Essen damit ausgetrieben, schlechtes Essen (Süßigkeiten) als Belohnung sogar attraktiv gemacht. Wer sich umstellen will, sollte den Körper deshalb unterstützen. Fertiggerichte oder Fastfood von schlechter Qualität enthalten häufig Geschmacksverstärker und andere Substanzen, die das natürliche Gefühl für die Nahrung stören. Ebenso wirken viele künstliche Limonaden. Sie enthalten Fruchtzucker als Süßstoff, der das Appetitgefühl und das Gefühl der Sättigung durcheinander bringt. Es gibt Wissenschaftler, die das wachsende Übergewicht vieler Menschen auf den übermäßigen Genuss von Limonaden in Kombination mit fettreicher Nahrung zurückführen.

Lassen Sie sich bei der Auswahl ihres Essens Zeit und wählen Sie mit Spaß und Fröhlichkeit. Intuition ist in einer ruhigen und positiven Umgebung leichter „hörbar".

Die Ernährung soll aber nicht zum Glaubensbekenntnis werden, denn dann entstehen neue Zwänge und Ängste. Die Stimme des Körpers darf nicht unter Regeln „verschüttet" werden. Der intuitive Esser kann durchaus einmal an den Imbissstand gehen, Currywurst und Pommes Frites bestellen und sich noch eine große Menge Ketchup gönnen, wenn die innere Stimme das so will. Wichtiger ist die Frage nach dem „warum", die der Meditierende ohne schlechtes Gewissen oder Leidenschaften stellt. Den Körper zu verstehen, ist wichtiger als starre Regeln hinsichtlich des gesunden Essens und der Zwang, der daraus entsteht. Vielleicht ist die fröhliche Bedienung an der Imbissbude der Grund, der die Currywurst nötig macht. Der Appetit kann auch vom kräftigen Rot des Ketchups angeregt worden sein. Farben haben eine starke Wirkung auf das Unbewusste. Die traditionelle chinesische Medizin setzt Farben sogar aktiv ein, zum Beispiel Rot, um Menschen aktiver und mutiger zu machen. Auch die westliche Forschung hat diese Zusammenhänge aufgedeckt. Farben haben eine starke Wirkung auf den Geschmackssinn und die Gefühle. Auch dafür entwickelt der Meditierende mit der Zeit eine klare Wahrnehmung.

Einkaufen als Meditation

Im Supermarkt liefert die innere Stimme ihren Kommentar zum reichen Angebot. Nehmen Sie die Produkte in die Hand und spüren Sie ihr Gefühl dabei. Vielleicht empfinden Sie Wärme oder Freude aus einem bestimmten Regal, Kälte aus einem anderen. Die eine Tomate wirkt gleichgültig, die andere weckt besonderes Interesse. Auch hinter solchen Erlebnissen stecken alte Erfahrungen, nicht umsonst würde man in diesem Fall sagen: „Die Tomate spricht mich an." Sie „spricht" tatsächlich, denn der Körper hat seine Analyse gemacht und meldet das Ergebnis. Beim Bäcker liegen immer mehrere Brote der gleichen Sorte im Regal. Wenn davon eines gute Gefühle weckt, dann lassen Sie sich genau dieses Brot geben. Wenn es „ansprechend" ist, dann gibt es dafür Gründe. In meiner Bäckerei warten die Verkäuferinnen schon auf meine Wahl und empfinden das als Wertschätzung ihres Handwerks.

Der Einkauf mit der „intuitiven Methode" dauert übrigens nicht länger. Körper und Gehirn treffen ihre Entscheidungen nämlich in Sekunden. Wichtig ist nur das Einkaufen „im Hier und Jetzt". Die Produkte müssen bewusst betrachtet werden, ohne ablenkende Gedanken oder äußeren Druck. Damit wird der Einkauf zur Meditation und das Essen macht doppelt so viel Spaß. Der Einkauf wird auch gezielter und damit billiger. Viele Produkte braucht der Körper nämlich nicht, obwohl die Werbung und die Nachbarn darum eine große Seifenblase von Bedeutung erzeugen.

Bestandteile der Nahrung

Ein wenig Ernährungswissenschaft sollten Meditierende allerdings kennen. Sie trainieren ihr Gehirn und haben deshalb auch spezielle Ansprüche. Sie unterscheiden sich damit nicht von Sportlern, bei denen die Ernährung den Trainingsplan unterstützt. Wenn Meditierende intuitiv essen, werden sie mit dem Wissen über Nahrungsmittel ihren Körper und seine angemeldeten Bedürfnisse besser verstehen. Dadurch entsteht Vertrauen, das die Fähigkeit zum „Loslassen" unterstützt.

Das Gehirn ist, biologisch betrachtet, ein sehr teures Organ. Es wiegt zwischen 1200 und 1400 Gramm. Das sind rund zwei Prozent von 70 Kilogramm Gewicht eines erwachsenen Körpers. Trotzdem verbraucht das Gehirn bis zu einem Viertel der Energie, die mit der Nahrung aufgenommen wird. Ernährung und Betrieb fordern also einen großen Aufwand. Deshalb baut die Natur alle Gehirne so klein wie möglich und nur so groß wie nötig. Das Gehirn ist somit auch für die Ernährungswissenschaft ein ungewöhnliches Organ und interessantes Forschungsobjekt, es gibt mittlerweile viele Untersuchungen, aus denen Meditierende schöpfen können.

Die optimale Grundversorgung des Gehirns erreicht ein Speiseplan, der arm an gesättigten Fettsäuren und reich an Obst, Gemüse und Fisch ist. Deshalb ist der traditionelle Speisezettel für Meditierende arm an Fleisch und tierischem Fett, denn sie liefern viel gesättigte Fettsäuren. Obst und Gemüse bringen Kohlenhydrate, Vitamine und Mineralstoffe, Fische sind gute Eiweiß-Lieferanten und enthalten wichtige ungesättigte Fettsäuren. Außerdem braucht das Gehirn viel Flüssigkeit, rund eineinhalb bis zwei Liter pro Tag müssen aufgenommen werden. Mangel an Flüssigkeit senkt die Hirnleistung, schafft Müdigkeit und kann sogar zu mentalen Störungen führen.

Das Gehirn hat einen großen Bedarf an Kohlenhydraten für seine Energieversorgung. Im Grunde ist das Zucker. Starke Schwankungen des Blutzuckerspiegels können die Funktionen des Gehirns beeinträchtigen, deshalb sind regelmäßige Mahlzeiten wichtig und bei Zuckerkranken (Diabetikern) eine gute Einstellung des Insulinbedarfs. Allerdings erzeugen Zucker und Süßigkeiten selbst starke Schwankungen des Blutzuckerspiegels. Sie stehen deshalb nur in kleinen Mengen auf dem Speiseplan des Meditierenden. Süßigkeiten oder Limonaden können sogar zu einer Unterversorgung des Gehirns mit Zucker führen, sie erhöhen nämlich die Blutzuckerkonzentration sehr rasch und stoßen damit die Insulinproduktion an. Der Zucker wird dann zur Leber und zu den Muskeln transportiert und steht für das Gehirn nicht mehr ausreichend zur Verfügung.

Die beste Versorgung liefern „langsame" Kohlenhydrate. Die Verdauung braucht Zeit, um diese Kohlenhydrate in Zucker zu spalten. Dadurch entsteht eine gleichmäßige Versorgung. „Langsame" Kohlenhydrate liefern vor allem Vollkornbrot und Vollkorngetreide, brauner Reis, Hülsenfrüchte, Kartoffeln oder Nudeln. Ballaststoffe, die vor allem auch in Brot, Reis, Nudeln und Vollkorngetreide enthalten sind, unterstützen die Verdauung. Wichtig für die Regulation der Zuckerversorgung sind auch Eiweiße aus Nüssen, Eiern, Hülsenfrüchten, Fleisch, Geflügel oder Fisch.

Zucker macht glücklich, denn Zucker steigert die Produktion des Botenstoffs (Neurotransmitters) Serotonin. Noch deutlicher wirken Kakao und kakaohaltige Schokolade. Sie sind reich an Tryptophan, aus dem der Körper Serotonin aufbauen kann. Serotonin sorgt in normalen Mengen für einen allgemeinen Zustand von Glück und Zufriedenheit. Zu geringe Mengen können sich als depressive Verstimmungen oder sogar Depressionen niederschlagen. Zu große Mengen machen derart glücklich, dass der Antrieb zu nützlichen Tätigkeiten und die Aufmerksamkeit verschwinden. Solche Menschen scheinen vor Glück zu schweben und wirken oberflächlich. Auch bei sportlicher Betätigung erzeugt der Körper Serotonin. Deshalb empfehlen Therapeuten sportliche Betätigung gegen depressive Zustände oder andere seelische Probleme.

Der Meditierende strebt, wie jeder Mensch, ein normales Niveau von Serotonin an und damit eine positive bis neutrale Grundhaltung seiner Gefühle. Da auch Tageslicht und Sonnenschein die Ausschüttung von Serotonin anregen, tritt in der dunklen Jahreszeit eher ein Serotoninmangel auf. Dann entsteht manchmal eine melancholische Stimmung und man fühlt sich antriebslos. Das ist keine „Winterdepression", wie häufig in den Medien behauptet wird. Ein Spaziergang im Tageslicht kann die Stimmung wieder deutlich aufhellen. Wer dagegen anhaltende Traurigkeit empfindet, die Welt wochenlang in grauen Farben sieht, sich schwer zu irgendetwas aufraffen kann und aus dem Grübeln nicht herauskommt, sollte mit seinem Arzt reden. Solche Zustände können eine echte Depression anzeigen und damit eine ernsthafte Krankheit. Wenn dazu Heißhunger auf Süßes kommt, kann das ein Hinweis auf Serotoninmangel sein.

Zu große Mengen Serotonin stören die Meditation. Die übermäßig glücklichen Gefühle wirken Aufmerksamkeit und Konzentration entgegen. Deshalb sollten Meditierende ihre Übungen vor körperlichen Anstrengungen machen oder danach eine ausreichende Pause lassen. Wer regelmäßig Fitnesstraining betreibt, sollte ausprobieren, ob das Meditieren vorher oder nachher besser gelingt. Bei manchen Meditierenden kann sich der ausgetobte Körper besser versenken, bei anderen nicht. Auf jeden Fall sollten vor der Meditation keine Süßigkeiten gegessen werden. Chinesische Meister haben dazu schon vor langer Zeit den Satz geprägt: „Süßigkeiten verwirren den Geist."

Aminosäuren sind die Grundbausteine von Eiweißen (Proteinen) und damit auch von Neurotransmittern. Ein Mangel an wichtigen Aminosäuren drückt sich in schneller Müdigkeit aus, oder sogar in depressiven Verstimmungen. Der Meditierende muss auf eine gute Grundversorgung achten, denn das Training des Gehirns und die erhöhte Produktion von Neurotransmittern (zum Beispiel Dopamin) sorgen auch für einen großen Verbrauch von Aminosäuren. Wichtig für den Meditierenden sind dabei bestimmte Aminosäuren, die in guten Ernährungsratgebern zusammen mit den verschiedenen Nahrungsmitteln aufgelistet sind.

Glutamin, ebenfalls eine Aminosäure, beeinflusst die Gedächtnisleistung und Konzentration. Es kommt vor allem aus Eiern und Fleisch. Taurin wirkt auf das Gedächtnis und die allgemeine Leistungsfähigkeit. Es wird vom Körper aus der Aminosäure Cystein hergestellt, die besonders in Fisch, Geflügel, Soja und Rindfleisch-Filets enthalten ist. Methionin wirkt gegen Müdigkeit und Stress und kommt in größeren Mengen in Fleisch, grünen Erbsen, Rosenkohl, Brokkoli, Spinat, aber auch in Vollkornbrot, Reis oder Eiern vor. Tyrosin drosselt die Ermüdung. Der Körper baut es aus Phenylalanin auf, das er aus Gemüse, Nüssen, Samen, Weizenkeimen, Milchprodukten, Fleisch und Fisch bezieht. Tryptophan ist ein Grundbaustein für Serotonin und stabilisiert damit das positive Grundgefühl. Es wird übrigens unter Stress schneller abgebaut und so erklärt sich das gereizte Verhalten gestresster Menschen. Große Mengen Tryptophan liefern Cashewnüsse. Die Traditionelle Chinesische Medizin setzt sie deshalb gegen schlechte Stimmung ein. Weitere wichtige Lieferanten sind Weizenkeime, Soja, Sonnenblumenkerne und besonders auch Käse.

Normalerweise verfügen Menschen in den Industriestaaten über eine gute Versorgung mit Aminosäuren aus eiweißreichen Nahrungsmitteln, wie Fleisch, Fisch, Eiern, Milch und Milchprodukten. Vegetarier müssen allerdings auf ihren Speiseplan achten und die Eiweißversorgung aus den pflanzlichen Produkten sicherstellen, zum Beispiel aus Soja, Getreide, Nüssen und Hülsenfrüchten oder Tofu. Das Problem verschärft sich, wenn Vegetarier auch auf Eier oder Milchprodukte verzichten. Für buddhistische Schulen sind Eier und Milchprodukte kein Problem, denn durch den Verzehr werden keine fühlenden Wesen verletzt. Daoisten sehen solche Probleme eher weniger, essen aber aus vernünftigen Gründen wenig oder kein Fleisch, dafür aber Fisch.

Fettsäuren sind für Meditierende ganz besonders wichtig, denn die Freisetzung von Dopamin und Serotonin hängt direkt mit den langkettigen Omega-3- und Omega-6-Fettsäuren zusammen. Omega-6-Fettsäuren sind in der typischen europäischen Ernährung in der Regel ausreichend vertreten. Ein Mangel kann bei Omega-3-Fettsäuren auftreten und zum Beispiel zu Depressionen, Schlaflosigkeit, Angst oder Antriebslosigkeit führen. Omega-3-Fettsäuren liefern vor allem fetter Fisch, Nüsse, Leinsamen und Leinsamenöl, Rapsöl und Portulak.

Vitamine sind als wichtige Bestandteile der Nahrung bekannt, ebenso die körperlichen Störungen bei Vitaminmangel. Im Gehirn sind vor allem B-Vitamine wichtig. Die wichtigsten und ihre Quellen in der Nahrung sind: B_1 (Vollkornbrot und Vollkorngetreide), B_3 (Getreide, Erdnüsse), B_6 (Getreide, Nüsse, Bananen), B_5 (Vollkorngetreide, Eigelb, Schimmelkäse), Folsäure/Vitamin B_9 (frisches Gemüse, Eier, Nüsse) und B_{12} (Fleisch, Fisch, Gemüse, Käse, Eier).

Mangel an B-Vitaminen beeinträchtigt die Gedächtnisleistung bis hin zur Demenz (Gedächtnisverlust), die Signalübertragung durch die Neurotransmitter, die Funktion der Nerven, die Konzentrationsfähigkeit und die Grundstimmung. Manche B-Vitamine, zum Beispiel B_1, B_3 und B_6 sollten mit dem Frühstück aufgenommen werden, als Müsli oder Vollkornbrot. Für andere B-Vitamine, zum Beispiel B_{12}, hat der Körper große Speicher, die Wochen oder Monate ausreichen.

Vitaminmangel entsteht nicht unbedingt nur durch einseitige oder falsche Ernährung. Besonders ältere Menschen leiden auch unter einer schlechteren Aufnahme von Vitaminen durch die Verdauung, obwohl sie eigentlich gesund essen. Besonders bei Vitamin-B$_{12}$-Mangel ist als Konsequenz Gedächtnisverlust (Demenz) bekannt, der sogar ein bleibender Schaden werden kann. Ärzte können Aufnahmestörungen feststellen und gegebenenfalls Vitaminpräparate verschreiben. Die entsprechenden Untersuchungen sind für Patienten normalerweise unkompliziert, zum Beispiel eine Blutentnahme. Die Untersuchung im Labor hat aber ihre Stolpersteine, denn Vitaminmangel wird in manchen Fällen vom Körper chemisch „maskiert".

Mineralstoffe haben zentrale Funktionen im Körper. Die Nervenzellen benötigen Calcium und Magnesium zur Signalübertragung. Wer zum Beispiel häufig Krämpfe in den Muskeln hat, könnte unter Magnesiummangel leiden. Magnesiumtabletten gibt es in jedem Supermarkt. Nach Einnahme sollten die Krämpfe in kaum einer halben Stunde verschwinden. Falls das nicht der Fall ist, sollte ein Arzt nach den Ursachen forschen. Andere Folgen von Magnesiummangel sind Überaktivität, Nervosität oder Schlaflosigkeit. Magnesium liefern vor allem Nüsse, Vollkorngetreide, Spinat und Ananas. Auch Schokolade enthält große Mengen Magnesium. Calcium bekommt der Körper normalerweise ausreichend aus ganz normalen Milchprodukten. Es ist in allen Milchprodukten enthalten, nicht nur in solchen, die dafür Werbung machen. Auch Krebstiere, Schokolade und einige Gemüsesorten (Spinat, Brokkoli, Fenchel) liefern viel Calcium.

Eisen ist der Träger des Sauerstoffs im roten Blutfarbstoff Hämoglobin. Eisenmangel kann deshalb zu einer Unterversorgung des Gehirns mit Sauerstoff führen. Es ist besonders konzentriert in rotem Fleisch, Petersilie, Kakao, aber auch in Trockenfrüchten und Hülsenfrüchten enthalten. Gesunde Menschen haben in der Regel keinen Eisenmangel, denn die Nahrung liefert genug.

Jod bekommt der Körper vor allem über das Trinkwasser und aus Speisesalz. Auch Krebstiere und Fisch sind gute Jodlieferanten. In manchen Regionen mit jodarmem Trinkwasser entwickelten früher viele Menschen einen „Kropf" am Hals, der auf Jodmangel zurückgeht. Heute tritt dieses Problem nur noch selten auf, da es jodiertes Speisesalz in jedem Supermarkt zu kaufen gibt. Jod ist wichtig für die intellektuellen Leistungen und den Grad der Reizbarkeit.

Asien und Europa

Meditierende orientieren sich bei der Ernährung häufig an asiatischen Erfahrungen und Regeln. Manche Ernährungstipps müssen aber in europäische Verhältnisse „übersetzt" werden. Zum Beispiel liefert Reis praktisch nur Kohlenhydrate und Ballaststoffe. Die europäische „Getreide- und Kartoffelkultur" unterscheidet sich deshalb grundlegend, denn Getreide ist deutlich eiweißreicher als Reis. Die Abneigung der Chinesen gegen Milchprodukte, auch Käse, hat mit ihrer genetischen Ausstattung zu tun. Sie können Milchprodukte häufig schlecht verdauen und fühlen sich danach unwohl. Europäer haben dafür eine passende genetische Ausstattung, denn Europäer stammen von „Milchkulturen" der asiatischen Steppen ab. Diese Eigenschaft macht Milch und Milchprodukte für Europäer wertvoll, vor allem als Ersatz für Fleisch. Europäer müssen also weniger auf ihre Eiweißversorgung achten, als die „Reiskulturen" in Asien.

Dazu kommt, dass europäische Esser deutlich überversorgt mit Fleisch sind, also Eiweiß und Fett. Die viel zu fettreiche Kost schafft sogar Gesundheitsprobleme. In den weniger reichen Kulturen Asiens, vor allem in früheren Jahrhunderten, ist Fleisch eher Mangelware, denn die Produktion von Fleisch ist teuer und verbraucht viel Land für den Anbau von Futtermitteln. Deshalb fanden Nüsse, Soja (auch als Tofu) und Hülsenfrüchte (z. B. Erbsen, Linsen) Einzug in die asiatische Küche und liefern Eiweiß und Fett. Diese Ernährung ist grundsätzlich gesünder und schont die Natur. Die Fleischportionen auf europäischen Tellern sind mit großem Energieverbrauch und vielen Umweltproblemen erkauft.

Ein anderer Aspekt der asiatischen Küche ist der Umgang mit Resten. Häufig stehen viele kleine Schüsseln auf dem Tisch, mit einer Vielzahl von Gerichten. Das Herz des „intuitiven Essers" jubelt, denn die Auswahl erlaubt Entscheidungen nach den täglichen Bedürfnissen. Die Quelle dieser Vielfalt stellen Kochbücher in einer Flut von Rezepten dar, die sehr viel Arbeit machen. Tatsächlich kommt der bunt gedeckte Tisch in Asien häufig aus Resten von den Vortagen. Oft wird sogar mit Resten geplant, wenn der Wochenspeiseplan entsteht. Diese Art zu kochen ist in Europa fast vergessen, obwohl sie früher auch in der europäischen Küche üblich war. Wichtig ist dabei, dass die Nahrungsmittel sorgfältig aufgehoben werden, damit sie nicht verderben. Vor der Erfindung des Kühlschranks waren dafür scharfe Gewürze, vor allem Pfeffer, als Konservierungsmittel wichtig. Auch deshalb sind scharf gewürzte Gerichte in Südasien weit verbreitet. Im modernen Leben schafft der Kühlschrank solche Zwänge ab und die Mikrowelle spart viele Töpfe und Pfannen.

Schlusswort

Dieses Buch hat mit Absicht die spirituelle oder religiöse Seite der Meditation nicht oder kaum berührt. Viele Meister haben über die Meditation seit langer Zeit und kompetent berichtet. Heute entdeckt die Forschung, dass sich viele dieser Erkenntnisse durch Messungen bestätigen und wissenschaftlich nachvollziehen lassen. Die Vorgänge in der Meditation werden damit für den westlich geprägten Menschen verständlicher. Das meiste allerdings lässt sich nicht in Worte fassen. Es leuchtet aus den Texten heraus, entsteht in der Versenkung wie ein Licht, dass dem Meditierenden mit der Zeit immer heller leuchtet. Diese Seite kann und muss der Meditierende selbst entdecken. Sie liegt jenseits der Messbarkeit. Dann reicht ein Lächeln um zu sagen: „Ja, ich habe es erfahren und weiß was du meinst." Aber auch dabei ist das Übernatürliche überflüssig – auch daran erinnern die alten Meister immer wieder.

Eines der großen Hindernisse auf dem Weg zur Erleuchtung ist die Angst. Auch der Glaube an das „Übernatürliche" hat seine Wurzeln in der Angst und ist die Quelle neuer Ängste und Verstrickungen. Dieser Glaube stammt aus der Begierde, sich von anderen Menschen abzuheben, sich Schutz aus magischen Quellen zu verschaffen oder speist sich schlicht aus der Unwissenheit. Auch dieser Gedanke klingt bereits in der 2 500 Jahre alten Weisheit des Buddha Gautama durch, als er sagte: „Unwissen und Begierde sind die Grundübel dieser Welt." Meditierende nehmen deshalb keine „Wahrheit" einfach hin. Sie prüfen, forschen und hinterfragen. Sie verschaffen sich Bildung und flüchten nicht in geheimnisvolle Energien oder jenseitige Welten. Meditation bewegt sich im Alltag des realen Lebens.

Mein Ziel war, dass dieses Buch Wissen vermittelt und Neugier auf die Hintergründe der Meditation im menschlichen Körper weckt. Es soll klar werden, warum die verschiedenen Schulen Regeln haben und warum Ungeduld und Übereifer schädlich und gefährlich sind. Bei der Arbeit an diesem Buch wurde mir wieder einmal bewusst, wie viel die alten Meister wussten und wissen. Die moderne Forschung bestätigt, erklärt und erweitert dieses Wissen nun mit neuen Methoden. Diese Forschung hat gerade erst begonnen, Meditierende sind daran beteiligt. Deshalb sind noch viele Überraschungen zu erwarten. Vielleicht ergibt sich daraus eine neue Sicht, eine noch tiefer begründete Praxis der Meditation.

Literatur

Asato MR, Terwilliger R, Woo J, Luna B. White matter development in adolescence: a DTI study. Cereb Cortex 2010; 20(9): 2122–31; doi: 10.1093/cercor/bhp282.

Baatz U. Hugo M. Enomiya-Lassalle: ein Leben zwischen den Welten. Biographie. Zürich, Düsseldorf: Benziger 1998.

Bauer J. Warum ich fühle, was du fühlst. München: Wilhelm Heyne 2006.

Bragdon E. Spirituelle Krisen. Bauer Hermann 1991.

Brefczynski-Lewis JA, Lutz A, Schaefer HS. Neural correlates of attentional expertise in long-term meditation practitioners. Proceedings National Academy of Sciences USA 2007; 104: 11483–8.

Burkhard AF. Achtsamkeit – Entscheidung für einen neuen Weg. Stuttgart: Schattauer 2010.

Cahn BR, Polich J. Meditation states and traits: EEG, ERP, and neuroimaging studies. Psychological Bulletin 2006; 132: 180–211.

Carter OL, Presti DE, Callistemon C, Ungerer Y, Liu GB, Pettigrew JD. Meditation alters perceptual rivalry in Tibetan Buddhist monks. Current Biology 2005; 15(11): R412.

Chun SS, Brass M, Heinze HJ, Haynes JD. Unconscious determinants of free decisions in the human brain. Nature Neuroscience 2008; 11: 543–5 (doi:10.1038/nn.2112).

Cohen GD. Vital und kreativ – Geistige Fitness im Alter. Düsseldorf: Patmos 2006.

Dalai Lama. Frieden im Herzen und in der Welt. München: Wilhelm Heyne 2003.

Davidson RJ, Kabat-Zinn J, Schumacher J, Rosenkranz M, Muller D, Santorelli SF, Urbanowski F, Harrington A, Bonus K, Sheridan JF. Alterations in brain and immune function produced by mindfulness meditation. Psychosomatic Medicine 2003; 65: 564–70.

Dschuang Dsi. Das wahre Buch vom südlichen Blütenland. Übers. von Richard Wilhelm. München: Eugen Diederichs 1994.

Dunn BR, Hartigan JA, Mikulas WL. Concentration and mindfulness meditations: Unique forms of consciousness? Applied Psychophysiology and Biofeedback 1999; 24: 147–64.

Galuska J, Belschner W. Empirie spiritueller Krisen. Transpersonale Psychologie und Psychotherapie 1999; 1: 73–94 (www.heiligenfeld.org).

Goleman D, Schwartz G. Meditation as an intervention in stress reactivity. Journal of Consulting and Clinical Psychology 1976; 41(3): 456–66.

Goleman D. Dialog mit dem Dalai Lama – Wie wir destruktive Emotionen überwinden können. München: Deutscher Taschenbuch Verlag (dtv) 2005.

Grammer K, Keki V, Striebel B, Atzmüller M, Fink B. Bodies in Motion: A Window to the Soul. In: Voland E, Grammer K (Hrsg). Evolutionary Aesthetics. Berlin: Springer 2003; 295–324.

Greenwell B. Kundalini. Bergisch-Gladbach: Lübbe 1998.

Greeson JM. Mindfulness Research Update: 2008. Complement Health Pract Review 2009; 14(1): 10–18; doi: 10.1177/1533210108329862.

Grof S, Grof C. Spirituelle Krisen – Chancen der Selbstfindung. München: Kösel 1990.

Hodge S, Brood M. Das illustrierte Tibetische Totenbuch. Neuhausen am Rheinfall: Urania 2000.

Hölzel BK, Ott U, Hempel H, Hackl A, Wolf K, Stark R, Vaitl D. Differential engagement of anterior cingulate and adjacent medial frontal cortex in adept meditators and non-meditators. Neuroscience Letters 2007a; 1976 (421): 16–21.

Hölzel BK, Ott U, Gard T, Hempel H, Weygandt M, Morgen K, Vaitl D. Investigation of mindfulness meditation practitioners with voxel-based morphometry. Social Cognitive and Affective Neuroscience (SCAN) 2007b; doi:10.1093/scan/nsm038.

Hölzel BK, Carmody J, Evans KC, Hoge EA, Dusek JA, Morgan L, Pitman RG, Lazar SW. Stress reduction correlates with structural changes in the amygdala. Social Cognitive and Affective Neuroscience (SCAN) 2009; doi:10.1093/scan/nsp034.

Kabat-Zinn J. Gesund durch Meditation. Frankfurt am Main: Fischer Taschenbuch 2009.

Kalisch T, Ragert P, Schwenkreis P, Dinse HR, Tegenthoff M. Impaired tactile acuity in old age is accompanied by enlarged hand representations in somatosensory cortex. Cerebral Cortex 2008; doi:10.1093/cercor/bhn190.

Knoblauch H. Berichte aus dem Jenseits – Mythos und Realität der Nahtoderfahrung. Freiburg: Herder 1999 (www.Soz.tu-berlin.de/Crew/knoblauch/online.Veroeffentlichungen.htm).

Kjaer TW, Bertelsen C, Piccini P, Brooks D, Alving J, Lou HC. Increased dopamine tone during meditation-induced change of consciousness. Brain Research Cognitive Brain Research 2002; 13(2): 255–9.

Kienast T, Hariri AR, Schlagenhauf F, Wrase J, Sterzer P, Buchholz HG, Smolka MN, Gründer G, Cumming P, Kumakura Y, Bartenstein P, Dolan RJ, Heinz A. Dopamine in amygdala gates limbic processing of aversive stimuli in humans. Nature Neuroscience 2008; 11: 1381–2.

Kübler-Ross E. Über den Tod und das Leben danach. Neuwied: Silberschnur 1996 (und zahlreiche andere Bücher seit 1974).

Kürten A, Ostermann K, Dettbarn U, Noack M. Traditionelle Chinesische Medizin – Das Buch Version 2.0; 2007: www.tcm-buch.de.

Lazar SW, Bush G, Gollub RL, Fricchione GL, Khalsa G, Benson H. Functional brain mapping of the relaxation response and meditation. NeuroReport 2000; 11: 1581–5.

Lazar SW, Kerr CE, Wasserman RH, Gray JR, Greve DN, Treadway MT, McGarvey M, Quinn RH, Dusek JA, Benson H, Rauch SL, Moore CI, Fischl B. Meditation experience is associated with increased cortical thickness. NeuroReport 2005; 16: 1893–7.

Libet B. Mind Time: Wie das Gehirn Bewusstsein produziert. Frankfurt, Berlin: Suhrkamp 2007.

Linde K, Allais G, Brinkhaus B, Manheimer E, Vickers A, White AR. Acupuncture for tension-type headache. Cochrane Database of Systematic Reviews 2009, Issue 1. Art. No.: CD007587. doi: 10.1002/14651858.CD007587.

Luders E, Arthur W, Toga NL, Gaser C. The underlying anatomical correlates of long-term meditation: Larger hippocampal and frontal volumes of gray matter. NeuroImage 2009; 45: 672–678. doi:10.1016/j.neuroimage.2008.12.061.

Lutz A, Greischar LL, Rawlings NB, Ricard M, Davidson RJ. Longterm meditators self-induce high-amplitude gamma synchrony during mental practice. Proceedings National Academy of Sciences USA 2004; 101(46): 16369–73.

Lutz A, Dunne JD, Davidson RJ. Meditation and the neuroscience of consciousness: An introduction. In: Zelazo P, Moscovitch M, Thompson E (Hrsg). Cambridge Handbook of Consciousness. Cambridge University Press 2007; 499–554.

Lutz A, Brefczynski-Lewis J, Johnstone T, Davidson RJ. Regulation of the neural circuitry of emotion by compassion meditation: effects of meditative expertise. PLoS ONE 2008; 3(3): e1897 (doi:10.1371/journal.Pone.0001897).

Madsen MV, Gøtzsche PC, Hróbjartsson A. Acupuncture treatment for pain: systematic review of randomised clinical trials with acupuncture placebo acupuncture and no acupuncture groups. British Medical Journal 2009; 338: a3115 (www.Bmj.com/cgi/content/full/338/jan27_2/a3115).

Moody R. Leben nach dem Tod – Das Licht von drüben. Reinbek: Rowohlt Taschenbuch 2008 (und zahlreiche andere Bücher seit 1977).

Murphy M, Donocan S. The Physical and Psychological Effects of Meditation – A Review of Contemporary Research with a Comprehensive

Bibliography 1931–1996. Institute of Noetic Sciences Sausalito California 1997 (www.Noetic.org/research/medbiblio).

Nauriyal DK. Mindfulness in the Pali Nikayas. In: Nauriyal DK, Lal YB, Drummond MS (Hrsg.). Buddhist Thought and Applied Psychological Research: Transcending the Boundaries. London: Routledge Curzon 2006; 229–49 (deutsche Übersetzung von Manfred Wiesberger: www.buddhismus-muenchen.de).

Nestler EJ, Malenka RC. Das süchtige Gehirn. Spektrum der Wissenschaft 2004; Juni: 34–41.

Newberg AB, Iversen J. The neural basis of the complex mental task of meditation: neurotransmitter and neurochemical considerations. Medical Hypotheses 2003; 61: 282–91.

Nicolay J. Nahtod-Erfahrungen in Therapie und Beratung. Report Psychologie 2005; 30(1): 14–20 (www.bdp-gus.de/texte/Nahtoderfahrungen.pdf).

Ospina MB, Bond TK, Karkhaneh M, Tjosvold L, Vandermeer B, Liang Y, Bialy L, Hooton N, Buscemi N, Dryden DM, Klassen TP. Meditation Practices for Health: State of the Research. Evidence Report/Technology Assessment No.155. (Prepared by the University of Alberta Evidence-based Practice Center, Contract No 290-02-0023). AHRQ Publication No.07-E010. Rockville MD: Agency for Healthcare Research and Quality. June 2007 (www.Ahrq.gov/clinic/tp/medittp.htm).

Ott U. Merkmale der 40 Hz-Aktivität im EEG während Ruhe, Kopfrechnen und Meditation. Schriften zur Meditation und Meditationsforschung, Bd. 3. Frankfurt: Peter Lang 2000.

Petrovic P, Kalisch R, Pessiglione M, Singer T, Dolan RJ. Learning affective values for faces is expressed in amygdala and fusiform gyrus. Social Cognitive and Affective Neuroscience (SCAN) 2008; 3: 109–118; doi:10.1093/scan/nsn002.

Raymond JE, Shapiro KL, Arnell KM. Temporary suppression of visual processing in an RSVP task: An attentional blink? J Exp Psychol Hum Percept Perform 1992, 18: 849–860.

Rizzolatti G, Sinigaglia C. Empathie und Spiegelneurone – Die biologische Basis des Mitgefühls. Frankfurt, Berlin: Edition Unseld, Suhrkamp 2008.

Robinet I. Geschichte des Taoismus. München: Diederichs 1995.

Roth G. Fühlen Denken Handeln. Frankfurt, Berlin: Suhrkamp 2003.

Rubin JB. A new view of meditation. Journal of Religion and Health 2001; 40(1): 121–8.

Rüegg JC. Mind & Body – Wie unser Gehirn die Gesundheit beeinflusst. Stuttgart: Schattauer 2010

Schumann HW. Mahayana Buddhismus. München: Diederichs 1995.

Singer T. The neural basis and ontogeny of empathy and mind reading: Review of literature and implication for future research. Neuroscience and Biobehavioral Reviews 2006; 30: 855–63 (doi: 10.1016/j.neubiorev.2006.06.001).

Singer W, Ricard M. Hirnforschung und Meditation – Ein Dialog. Frankfurt, Berlin: Edition Unseld, Suhrkamp 2008.

Slagter HA, Lutz A, Greischar LL, Francis AD, Nieuwenhuis S. Mental training affects distribution of limited brain resources. PLoS Biol 2007; 5(6): e138 (doi:10.1371/journal.Pbio.0050138).

Travis F, Shear J. Focused attention, open monitoring and automatic self-transcending: categories to organize meditations from Vedic, Buddhist and Chinese traditions. Consciousness and Cognition 2010; doi:10.1016/j.concog.2010.01.007.

van Lommel P, van Wees R, Meyers V, Elfferich I. Near-death experience in survivors of cardiac arrest: a prospective study in the Netherlands. Lancet 2001; 358: 2039–45.

Vestergaard-Poulsen P, van Beek M, Skewes J, Bjarkam CR, Stubberup M, Bertelsen J, Roepstorff A. Long-term meditation is associated with increased gray matter density in the brain stem. Neuroreport 2009; 20 (2): 170–174.

Walker B. Gnosis: Vom Wissen göttlicher Geheimnisse. München: Diederichs 1992.

Wehr G. Spirituelle Meister des Westens von Rudolph Steiner bis C. G. Jung. München: Diederichs 2007.

Zeidler W. Unterschiede in der Emotionsverarbeitung bei Achtsamkeitsmeditierenden und Nichtmeditierenden – eine Startle-Studie. Diplomarbeit Institut für Psychologie und Arbeitswissenschaft TU Berlin 2007.

Adressen im Internet

Forschung, Meditation und spirituelle Hintergründe

www.ncbi.nlm.nih.gov/pubmed (Datenbank mit Zusammenfassungen von Artikeln aus der medizinischen Forschung)

www.br-online.de/br-alpha/geist-und-gehirn/geist-und-gehirn-manfred-spitzer-gehirnforschung-ID1213783033707.xml (Sendereihe „Geist und Gehirn" des Ulmer Hirnforschers Manfred Spitzer) www.philothek.de (Nachschlagewerk über Philosophie)

www.philosophenlexikon.de (Nachschlagewerk über Philosophen)

www.mindandlife.org (Mind & Life Institute: Forschung über Meditation, Psychologie und Neurobiologie)

www.smmr.de (Society for Meditation and Meditation Research)

www.buddhismus-deutschland.de (Deutsche Buddhistische Union)

www.buddhismus-muenchen.de (Literatur und Links zum Buddhismus)

www.palikanon.com (die grundlegenden buddhistischen (Theravada) Texte in deutscher Sprache)

www.daoiststudies.org (Literatur und Links zum Daoismus)

en.daoinfo.org (Literatur und Links zum Daoismus)

www.lassalle-haus.org (moderne christliche Mystik in Zusammenhang mit Hugo Lassalle)

www.spirituelle-wege.de (Zen-Buddhismus und Christentum)

www.willigis-jaeger.de (Zen-Buddhismus und Christentum)

Hilfe bei spirituellen Krisen

www.virtualcs.com (Spiritual Competency Resource Center: professionelle Information für Therapeuten und Mediziner über spirituelle Krisen und Psychohygiene)

www.emmabragdon.com/books/WhattodoinSEY.pdf (Emma Bragdon: spirituelle Krisen – Erste Hilfe, Hinweise für Angehörige, Freunde, professionelle Therapeuten)

www.senev.de; www.spiritualemergence.info (SEN – Spiritual Emergence Network: Netzwerk von Therapeuten für spirituelle Krisen und Opfer von Esoterik)

www.rosmarie-jaeger.de/veroeffentlichungen.html (Rosmarie Jäger: Sprituelle Krisen – Ätiologie, Diagnose, Behandlung)

Alle Links, weitere Informationen und Neues zum Thema Meditation und Gehirn finden Sie auch auf der Website von Heinz Hilbrecht: www.fuhrmann-hilbrecht.de.

Sachverzeichnis

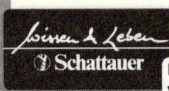